本书由欧阳康教授主持的"华中科技大学双一流文科建设项目——一流文科建设智库"提供出版资助。

[比利时] 克里斯托夫·范·阿斯切（Kristof Van Assche）
[荷兰] 拉乌尔·博伦（Raoul Beunen）
[荷兰] 马泰恩·杜勒维尔德（Martijn Duineveld） 著

吴畏 王林 译

进化治理理论：导论

EVOLUTIONARY GOVERNANCE THEORY
AN INTRODUCTION

中国社会科学出版社

图字：01-2018-7271号
图书在版编目（CIP）数据

进化治理理论：导论／（比）克里斯托夫·范·阿斯切（Kristof Van Assche）等著；吴畏，王林译.—北京：中国社会科学出版社，2019.12
书名原文：Evolutionary Governance Theory：An Introduction
ISBN 978-7-5203-4776-1

Ⅰ.①进… Ⅱ.①克…②吴…③王… Ⅲ.①地缘政治学—研究②市场改革—研究 Ⅳ.①K901.4②F713.50

中国版本图书馆 CIP 数据核字（2019）第 164892 号

First published in English under the title
Evolutionary Governance Theory: Theory and Applications
edited by Raoul Beunen, Krist of Van Assche and Martijn Duineveld, edition: 1
Copyright © Springer International Publishing Switzerland, 2015
This edition has been translated and published under licence from
Springer Nature Switzerland AG.
Springer Nature Switzerland AG takes no responsibility and shall not be made liable for the accuracy of the translation.

出 版 人	赵剑英
责任编辑	喻 苗
责任校对	胡新芳
责任印制	王 超

出 版		中国社会科学出版社
社 址		北京鼓楼西大街甲 158 号
邮 编		100720
网 址		http://www.csspw.cn
发 行 部		010-84083685
门 市 部		010-84029450
经 销		新华书店及其他书店
印 刷		北京明恒达印务有限公司
装 订		廊坊市广阳区广增装订厂
版 次		2019 年 12 月第 1 版
印 次		2019 年 12 月第 1 次印刷
开 本		710×1000 1/16
印 张		10.75
插 页		2
字 数		136 千字
定 价		48.00 元

凡购买中国社会科学出版社图书，如有质量问题请与本社营销中心联系调换
电话：010-84083683
版权所有 侵权必究

受到理论启发的研究总是会受到缺乏"实践参照"的指责。它们没有为其他人提供可使用的处方。它们观察实践并偶尔会问草率使用不完整的观念会获得什么。这并未排除以这种方式得到可用结果的可能性。但是,理论的意义将总是在于,一种创造观念更加可控的方法能够增加更多可用结果的可能性,——最重要的是,这能够减少产生无用的激动的可能性。

——卢曼(Luhmann)1989

我们必须行走在剃刀边缘,避免表象论(客观主义)和唯我论(观念主义)。

——马图拉纳(Maturana)和瓦雷拉(Varela)1987

改-改-改-改变。转向并面对陌生。

——大卫·鲍伊(David Bowie)1971

中文版代序

进化治理理论：它的过去、现在和未来

——由中译本出版引发的反思

知者动，仁者静；知者乐，仁者寿。《论语》雍也篇

进化治理理论：背景概述

全球范围的政治家、官僚、设计师、计划者、城市规划者和工程师都在研究超越学术学科边界和超越科学与社会之间界限的大问题。类似的专家和市民仍然感到困惑：怎样建立气候适应性城市？怎样清洁或保护环境？强大并可利用的自然、可持续食品的生产、景观和遗迹的保护又是怎样的？怎样创建既具包容性又在经济上可行的共同体？还存在很多其他的紧迫问题。

集体行动和协调化决策的尝试，或者换句话说，通过治理来应对这些问题的尝试，不是没有成功过。世界范围内的不同社会可以提供这种丰富的案例，即治理（包括计划、发展和设计）怎样使得世界实际上成为对很多人来说变得更好、更安全、更健康和更繁荣的地方。然而松懈下来并相信已经完事未免太早。仍然面临很多挑

战。很多这种挑战反映在联合国的可持续发展目标中，该目标现在正指导着广泛的公共行动者和私人行动者的行动和政策。

对这些挑战而言，关键是改进现存的治理形式，并发现更适合兑现宏愿和目标的新形式。善治在为了生活质量和生存环境而进行的反贫困、确保经济福利和繁荣、建设安全与健康的城市等方面被视为至关重要的。这被当作是更美好和可持续的未来的关键。以往尝试的经验确实表明，善治总是多层次治理，以及善治在每一种情境中看上去都是不同的。这些经验也告诉我们，治理的调控力量通常被高估，以及不论采用何种决策、实现何种策略，调控机制或者施行力量更值得关注。

怎样管治、怎样管理、怎样调控或协调的问题已经导致了大量的书籍、文章和网址的出现，这不足为奇。这些书籍许诺说明怎样管理、怎样管治和怎样成为改变的能动者。很多书籍和观念像减肥书籍那样流行起来，也像那些书籍一样昙花一现。我们都知道，这些指南可以是灵感的来源，给我们短暂的方向感，以及是对社会、社会问题及其解决办法的简单说明。但在一个不断改变自身、内在的复杂性使得调控比想象的更加困难的社会中，它们从不会为实际发生的变化提供秘诀。这些书籍所点燃的希望通常被比作者可以预见的更为复杂、更加不确定和不可预测的现实化为泡影。对解决社会问题和引起改变做出大许诺的作者通常不了解他们观念落地的治理情境的唯一性。

第二部分文献不以提供药方为目标，而是分析治理为什么经常实现不了它所承诺的东西。这种批判文献已经表明很多现存的治理形式只不过是不可持续的，并且很难带来一条更可持续的路径。这些书籍通常都从一种意识形态立场出发，尽管总是不甚清晰。有时它们追随马克思主义议程（agenda）、或者女性主义、环境主义、甚至是无政府主义议程。或者相反，假设一套被认为是普遍的、善治所需的规范。那么善治的重复特征就是透明、参与和对地方和传统知识敏感等等。在那种范畴中，可以区分悄然地追求新自由主义议程的著作的子类（subclass）。这种工作，像上面提及的所有其他研究路线一样，对于凸显现在的治理系统的缺失非常有用。但是，像其余大多数一样，它倾向于得出轻率的结论。应当作为结论的东西被当作规范假设来看待。关于事物应当怎样的观念使得学术遮蔽现实，激起了分析其他选择的捷径，导致了过快的拒绝或确认。

由于那些原因，我们决定追寻一条不同的路线，并写一本不同的书。此后，沿着那条不同路线进一步发展一种研究议程。

呈现于读者面前的《进化治理理论：导论》一书，由尊敬的同行吴畏教授做出简明的中文翻译和专业的语境化。读者很快会注意到它不是古代传统意义上的快速致富方案、统治者指南、或者"帝王之镜"（Mirror of princes）。它既不是对现存治理系统的全面批判，也不是对假定占主导地位的主意识形态（例如新自由主义）的全面批判。对进化治理理论而言，什么是善治，以及什么运作最佳，不能先验地并在情境之外说清楚。治理中没有五步成功法，没有善治的明确定义。

情境的重要性与多样性

这就是说，我们坚信进化治理理论能够增加特定情境（国家、区域或共同体）中有效治理的可能性。这种理论可以作为使我们加深理解治理以及它实际是怎样运作的透镜。对进化治理理论而言，善治总是意识到并适应于情境的治理，而情境被理解为由不同的维度构成：治理路径情境（即治理的先在进化），嵌入共同体及其文化、经济情境，（自然的和人工的）物质情境，治理自身的内在情境。

尽管相信情境敏感的治理会解决上面提到的所有问题是天真的，但我们确信对给定情境的深入理解应当先于改变它的尝试，这是我们与很多人类学家、历史学家、地理学家、发展论者和在规划、公共管理及公共政策领域内发声的少数学者所共享的洞见。治理自身有内在情境这一观念，为把不同的政策领域、场所和样式理解为总是宽泛的治理构型的一部分、总处在彼此之间和与支配性构型共同进化过程中，打开了大门。例如，空间规划可以富有成效地被视为空间治理，而表面上致力于此的规划场所，是其他目标和宏愿能够潜入的治理行动者汇聚点（Van Assche et al, 2012）。理解规划，或者任何其他政策领域，只有置于一种治理情境中才是可能的，在此情境中治理系统的发展路径形塑了特定领域发展的可能性。共同进化不需要不同层次之间的平等关系：通常，高层次比低层次或一个领域更有影响，虽然并不必须如此（Beunen et al, 2013）。在特定的进化路径中，地区、国家从小尺度的相互作用中脱颖而出，或者政治和行政从一个或几个政策领域中脱颖而出是可能的。

进化治理理论的主要前提简单而又适度：治理从不会没有情境、没有过去，以及没有对未来的期望。它总是被情境化（situated）、总是在运动、总是在变化。因此，这本书从这一观念开始：治理的每一要素与其他要素（行动者、制度、专业知识和意识形态）共同进化，它们在治理中的作用只能依据其与其他行动者、制度等的共同进化背景来理解。与其他行动者的互动历史形塑了什么是行动者，亦即，特定个人、组织或群体能做什么，它怎样（能）影响集体决策（Van Assche et al, 2011）。可以把同样的建制力量归结为与既存制度（即政策、法律、计划和非正式制度）的相互作用史（Beunen et al, 2012）。这种制度环境没有预先决定行动者能做什么，以及他们会怎样进化，但它的确创造了为了把握治理进化所必须把握的选择和界限的基体（matrix）（Duineveld et al, 2017）。

变化与进化

每一事物总是处于变化之中的观念可能听上去有些激进。对很多人来说，这不是由他们对很多的事物、地点、制度和治理构型看似是稳定的观察来确证。仍然广为流传这样一个信念：治理结构被固定下来，至少是暂时性地。我们想要论证的是，这在双重意义上是观察的事情。一些变化容易被很多人观察到并在报纸和历史书籍中出现。想一下崩溃、冲突、革命、剧烈事件和社会巨裂。而很多社会中的变化是真实的但很难用肉眼观察到。社会缓慢进化，只有当我们花费时间和（或）保持距离，才能看清进化的类型和机制。一个混凝土建筑看似很坚固，然而如果对它进行一个世纪的摄像并把它浓缩为一部短片，变化将是很明显的。退化、翻修和拆毁，所有都变得明显不过了。变化保持不可见的第二个原因，是由话语、总有选择性的知识形式、叙事、指导性隐喻和意识形态所造成的部分盲目性观察（Duineveld et al, 2017）。局内人总是或多或少地会看到，如果治理的学术观察者与治理系统及其观察模式捆绑太紧，就不能保持补充和可能修正内部观察所必要的距离。深化对变化可能性与界限的理解，我们必须观察是什么经常逃避了我们的观察：进化治理。

创新治理和为可持续性或有效性、繁荣和生活质量设计路径的每一种尝试，在逻辑上应当建基于对进化治理系统的全面分析（Gruezmacher & Van Assche, 2015）。需要情境化地定义它的核心要素和驱动，以及它适应和变革的选择和界限。这种努力可以从简单的问题开始：现在涉及到哪些行动者？哪些行动者被排除？其他问题就不那么简单了，需要做更多的分析性工作：哪些正式制度（政策、计划和法律）和非正式制度（不成文的协调机制、破坏与应用规则的规则）在起作用？过去的决策在治理中起什么作用？不同种类知识的影响是什么？话语、叙事与意识形态在治理中怎样展开？我们能够在治理现在的自我再生方式中看到旧的意识形态的踪迹、此前的权力关系、旧的知识形式、现在消失了的行动者的价值、法律系统最初选择的价值、与旧动荡相适应的价值吗？这些依赖关系怎样影响系统的自身变革？

超越界限

本书提出了一种理论框架，它通过系统地关联一组概念（上面已经勾画了这些：行动者、制度、知识、权力、正式性和非正式性、依赖性），来引导回答这些问题、把握治理及其进化的努力。进化治理理论的概念框架有助于在实践中观察、分析和理解治理。它的抽象本质最终有助于接近总是部分混乱、部分模糊、部分不可预测的治理实践的现实形象，而它的进化机制洞见有助于把治理路径推向新的方向，与抱有的价值和宏愿相一致，理解这需要不断的分析和调控努力。进化治理理论对治理包括政治和行政的行动者、政府和非政府的行动者、盈利和非盈利的行动者的宽泛理解，对来自每一个方向的信号具有的概念开放性，没有削弱它的分析力量，而是使得看到通常被政治科学、公共行政或规范治理理论所忽视的新关系成为可能。换言之，进化治理理论与政治和管理都相关，因为它总是把它们视为混合的。

由于它强调分析和情境依赖，进化治理理论在特定意义上有着普遍的宏愿：它致力于忽略学科界限，并运用对解决治理难题有用的任何洞见。其次，它指望在世界的任何地方都可用。不仅是它的高度抽象使得分析完全不同的案例成为可能，而且建立比较研究数据库和所分析的治理路径与情境数据库，使得认识过去的类型和评估将来的选择更加容易。你面前的这本书已是建基于四大洲的经验研究，但仍可用简单的应用和比较来提高这种理论的实践和分析价值。

首先要表明的宏愿，即有意抛弃学科界限，在理论建构中是可见的。社会系统理论、制度经济学和不同形式的后结构主义被整合到一种新的概念构架中。一些构成要素直接来自这些资源，另一些本身就是新的。多样性的概念背景并不意味着要忽视内聚性。相反，我们打算发展一种从理解治理进化这一目标，而不是从学科界限获得内聚形式的理论。这也允许我们不用参考和服从任一参与学科中主流的价值和观点来决定内聚性和逻辑性质。学科际特征在理论的应用和进一步发展中得到进一步扩展。进化治理理论框架通过含括来自公共政策、弹性思维（resilience thinking）、发展学、地理学、政治学和其他领域的概念成功地扩展。它把经典著作与最新的理论洞见相整合，并允许为这种整合引入新的整体结构和附加概念。在我们看来，在你刚开始阅读的导论中，概念构架得到了很好的说明，而且围墙依然屹立。不论它有着进一步发展、更多的问题，我们相信先期的一些问题没有说得足够清晰。

被严重忽视的进化治理理论来源

亚里士多德与四因

这里只是简要地指出亚里士多德把依赖性观念概念化的重要性。对进化治理理论而言，存在着三种主要依赖——治理路径刚性：第一，作为过去遗存影响当前治理的路径依赖；第二，行动者与制度之间的相互依赖；第三，作为未来想象或广义目标影响当前治理再生的目标依赖。这些依赖不能精确地映射亚里士多德类似的三位一体，但目标依赖概念受到了亚里士多德的目的因观念的启发。除了动力因（发动）、形式因（设计或基础结构）和质料因（物质情境、或部分、或基础结构），目的因是亚里士多德的四种因果性之一。这种因果性的多样性观念，在进化从不会简单地由决策、行动或外部冲击所引起的意义上，进一步影响了进化治理理论的进化观念。根据治理进化，总是存在着事物得以产生所必需的因素之间的相互作用，历史沉淀以各种方式起作用，作为总是受过去沾染的想象，作为总是历史交织产物的物质环境，作为使得一定的、而非其他的发展路径成为可能的基础条件而起作用的一套行动者和制度。

生物系统理论

对这里所赞同的进化概念来说，第二个谱系更值得关注，即涉及到系统论的发展，从冯·于克斯库尔（von Uexkull）经过冯·贝塔朗菲（von Bertalanffy）到最近的智利生物学家瓦雷拉（Varela）和马图拉纳（Maturana）的生物学家谱系。在这个谱系中，追溯到20世纪早期，趋向复杂性和维持复杂性（即抑制熵）的进化需要以某种形式或样式来封闭的自组织系统。需要一种界限来避免耗散，复杂性只能通过与环境的连续相互作用，通过输入能量维系新陈代谢过程来保持（Van Assche et al, 2019b）。那就意味着系统必须同时是开放的与封闭的，任何来自环境的输入都将根据接收系统新陈代谢逻辑产生的规则进行解释、调整和选择。因而，进化从来不是一种完全适应环境和适者生存的事情。这可应用于物种和系统。即使没有进入卢曼的社会系统论世界，这也可被理解为治理进化的指导原则：从目标和愿望来说，它永远是不完全的；它永不会完全适应环境，因此，冲突和误解，以及适应范围是由进化的前面步骤，由时间在要素、结构、过程和解释中留下痕迹的无数方式来形塑的（Beunen et al, 2017）。这种生物学谱系被卢曼系统地轻描淡写，可能是作为一种修辞反驳，即预计到攻击他的理论是过度生物学的，失去了社会性本质。

尼科洛·马基雅维利

我们自己也在发展和建构进化治理理论中对尼科洛·马基雅维利的作用轻描淡写。对马基雅维利来说，社会与它的治理系统一起进化，没有社会和治理系统是正确的。不存在完备的法律，可能最好的法律是最适应内部和外部环境的法律。因为这些环境总是变化，个人领导者在本质上是有限的，以及他们对事件的解释是僵化的，多元行动者治理形式（共和国）比起过度集中化治理形式，或者依赖于个人的系统（国王）远具有弹性。对马基雅维利而言，就像进化治理理论一样，长期来看，循环是很有可能的，因为对一些治理问题来说，只有有限的可用解决办法，一些旧的、弃用的解决办法很可能会回归，想一下例如在参与和代表、集体与个人、短期与长远之间的误导性选择（Van Assche et al, 2016）。把法律、政策、计划结合成一种制度概念的观念确实要归功于本书提到的制度经济学家，也要归功于马基雅维利，他不仅以类似宽泛的方式，而且以真正类似的方式来谈论"法律"。

非正式性人类学与转型研究

为了理解非正式性、非正式制度与失效制度（作为失去影响的以前正式制度），我们也许比起书中阐明的更严重地依赖于两个传统，一个是人类学传统，另一个传统根植于后苏联转型研究（它本身部分是人类学的）。非正式性的重要性在19世纪很早就被人类学家注意到，对他们而言，必须要说明的是维护反直觉的法律权力（尽管很多人破坏它），而不是各种平行的协调机制的存在（Djanibekov et al, 2016）。在后苏联转型中，纸面规则与实际规则之间的差异、作为实际规则的纸面规则与围绕它们的其他规则之间的差异的重要性，对期望一种艰难但可预测的民主和资本主义转型的外部观察者来说变得极其清楚。它表明旧系统不像思想那样来计划好和集中，也显示民主和资本主义都不能归结到一种简单方式，它们像在经验上那样在概念上存在着很多形式，或者，用进化治理理论的话来说，就像存在着对多种参与和创造利润开放的不同治理路径一样，存在着很多民主和资本主义形式（Hayoz, 2016）。

我们的解释是，在两个传统的经验中作为非正式性出现的，是非正式性观念总是嵌入正式制度。当正式制度留下漏洞、没有说服力，或者没有产生力，非正式性会从底下冒出来或者形成新的非正式性，同样的结果是，创造一个协调工具的平行世界。在非正式性作为附加规则（即解释、补充、忽略和选择一套正式制度的规则）的情况下，它必须被认为是不同的协调工具，即作为对正式性的修改者，导致了事实上的不同机制。有人要插话说，为了任何制度"应用"总是需要解释规则，不应当把它叫做法律、政策和计划"正式"应用的不同选择。可以是这种情况，但我们要论证，这里的区分在于隐含于非正式制度的意识与意向，至少在正式制度系统的情境下：我们被设想为做这件事、使用这种政策或以这种方式来解释，但出于好的或差的理由，我们选择用其他方式来做（Van Assche et al, 2013）。正如我们在书中强调的，必须要评估的是正式和非正式制度构型：它派发了物品，即大家同意的集体物品吗，它服从变化吗，它保持了系统的复杂性、差异化类型和专业化类型吗。

马克斯·韦伯也值得多加关注，因为他早就强调了使得经济和政治发展成为可能的专业化规则与角色系统，以及规则与角色的共同进化：银行与银行家、规划与规划者、以及保险代理与保险政策。新的角色与规则扩展了可能的互动网络、把握和管理复杂性的一套方法、以及治理进化中相互纠正的次数。

最新发展与细化

从进化治理理论可能没有说清的前项转到它的最新发展，需要说的是，在2014年本书的英文版出版以后，不同的学者，包括我们自己，进一步细化了进化治理理论。我们完善、批判和扩展了理论，增加了新的部分并与其他理论建立了新的联系。我们希望你不要犹豫这样做。最近几年，进化治理理论被应用于农村发展、社区层次的盛衰循环管理、自然资源管理、海岸治理、制度实验和自组织问题，还有城市管理和多层次治理。我们在下面段落把从这些应用中取得的一些概念成果呈现出来，添加到由此产生的进化治理理论。进化治理理论的很多未来发展路径都是可能的，当下我们探讨下面五个研究主题。

能动力

第一个论题跟随后结构主义学术圈关于人的能动力作为变化驱动的争论。后结构主义经常受到据称忽视主体性、主体动机和由此动机激发的行动的批评。在我们看来，这些批评是建基于对福柯与其他后结构主义者的误解，以及个人自主性、合理性和本真性神话的非批判永恒性。对这些批评的回答也推动了进化治理理论的澄清与发展，它合并了接近于后结构主义根基的主体观念与对象构形。

因此，我们发展出思考行动者意向性的作用的路线，重设能动者—结构争论，它主要建基于两种误解：一方面是所谓结构的固定特征，另一方面是假设的主体消亡。人作为行动者在治理中起作用，然而他们怎样起作用通常是想当然，他们的能动力被假设为一种性质（Van Dam et al, 2015）。对进化治理理论而言，变化可以有很多原因，行动者可以是内在复杂的与部分不连贯的，个人可以转换话语、角色和阶层身份，参与在治理中建构或由它分配的主体性（Van Assche et al, 2013）。

我们联系管理科学，并重新解释制度运行观念，主要不是要修正进化治理理论，而是从不同方向上来阐明它，强调为了维持、发展和打破制度或更宽泛的治理构型，人们可以和必须采取的真正多样化的活动（Beunen et al, 2017）。进化治理理论所认可的治理运行的每一个方面，在造成每一种决策的影响的共同进化的复杂之网中，可以发挥作用，可以影响人的行动并受其影响。不同的问题是，在什么程度上与何种环境中，意向性或更具协调形式的策略具有效果（Van Assche et al, 2018; Deacon et al, 2018）。我们知道，施行从不是一个简单的过程、一种按下按钮的事情。在进化治理理论看来，治理进化仅仅部分是人类行动的结果，能够归结到策略的就更少（Bisschops & Beunen, 2018）。当然，进化治理理论中治理的共同进化特征增加了复杂性层次，因为人的能动力也与治理的所有其他方面交织在一起。权力/知识构型形塑人并被他形塑，制度由人来使用、解释和建立。然而这种构型中的个人行动从不会是完全自由的、合理性的、本真性的或决定性的。一种新的领导力观念正在缓慢变得明确，而领导力最有可能被分配、不能简化为专业，并在正式与非正式制度的界限上执行（Van Assche et al, 2017a）。

物质性

另一个最新的主题聚焦于物质性对治理和治理进化的影响。它根据从话语对象到物质化对象的轨迹来研究建构（设定）治理对象，考察物质性在形塑、启用和限制治理中起到的作用（Djanibekov et al, 2016；Djanibekov et al, 2018）。来自行动者网络理论、设计理论和弹性思维的要素丰富了进化治理理论。这些新要素被重新定义以适合进化治理理论的框架，并提升它的广度和深度。把握物质世界对治理的重要性的过程中，一个重要的概念环节是把治理系统置于社会—生态系统中，治理成为社会系统的子系统起到了双重作用，协调做出集体约束性决策的特殊作用，以及在社会和生态之间划分界限区域的作用，社会对环境的影响在界限区域内得到协调（Van Assche et al, 2017；2019b）。

我们谈论物质事件是作为物质性断定自身处于治理中的事件，并发展这些事件的类型学，有些事件从治理内部不容易观察（Duineveld et al, 2017b）。我们引入第四种依赖类型，即物质依赖。引入物质依赖类型学，区分自然的与人工的物质性，区分对象、基础结构与环境，区分可启用与不可启用的物质性种类，而根据治理所设定的目标，区分的每一边都能产生正面的或负面的结果（Van Assche et al, 2017a）。这里一个有用的发现是，评估物质依赖取决于治理路径情境，以及共同体拥护的策略情境：如果郊区发展是目标，毗邻的山区就是问题；如果目标是山区旅游的卫星居住点，毗邻的山区就是资产。

冲突与风险

理论发展的第三个主题是冲突与风险在治理中的作用。冲突被看作构成治理的可能性与限度和内嵌的调节与控制企图（例如，通过计划和设计手段）的产生性和破坏性力量。可以通过说明冲突出现的历史，它们的路径依赖，它们与组织、行动者和制度的关系（相互依赖）来理解冲突的作用。在字面意思上冲突是产生性的，通过产生对象和主体，或者通过提高治理的有效性与效能；通过应对权限争夺、政府高层和破坏共善的有问题行动者而为共同体赢得斗争，冲突也是产生性的（Pellis et al, 2018）。冲突有助于强化制度、发展新制度、简化程序、巩固共同体叙事和认同、增强参与。冲突也可以做与之相反的事。马基雅维利已经指出冲突的双重本质，有益的冲突会巩固共同体，外部或内部的有害冲突会破坏它，额外的问题是区分二者的困难。只有事后才容易看到何种冲突破坏了治理构型、制度信任和制度能力。

风险是治理不可或缺的一部分，因为实际上治理像关注追求集体目标和共善一样要关注避免灾难。这里的灾难包括自然灾难但又超越它。灾难是指动摇治理自身的所有事件，超越现在担责的特定的一系列行动者。治理转型未必是灾难。我们为认知能力和制度能力（即治理系统的协调能力）急剧下降的情况保留灾难一词。失败国家是最清楚的例子。治理本质是这样的，很多行动者认同构型的特殊状态，要么出于直接的自身利益，要么出于对内建于构型的叙事与知识的信念。因此自身或派别的灾难容易与共同体的灾难相混淆。如果治理部分地是避免灾难，就容易明白，对日常治理的短期视阈来说，它接近于风险管理。各种或大或小的风险被（或者不被）察觉、评估和处置。在进化治理理论的最新分支中，我们发现风险察觉、评估和管理在治理中一直彼此形塑，在不同的案例中，有不同的活动占先或者支配（Legese et al, 2018）。因为对象和主体在治理中被建构，风险也是这样。如果特定风险是物质依赖的事情，在那里可应用的东西，也可在这里应用：它在不同的情境、不同的策略中可以重新界定。洪水可以是管理得不好或非常好的一场灾难，它可以是引进特质更好的新景观（根据水利、自然保护和旅游）的一种经济的、政治上权宜的方式。

未来及其知识

我们把进化治理理论对未来及其在治理中的作用，以及治理对未来的作用的概念化进一步精炼。不能通过定义知道未来，但对未来的想象、理想状况的想象、行动者和制度共有的目标可以作为治理的产生力量来看待与研究。它们可以作为目标依赖起作用。治理中产生的未来起初可以脱离共同体中处于支配地位的未来，但仍然必须与它话语构型的其他方面联系起来。故事可以是新的，但价值、特征和戏剧化必须是熟悉的、可理解的和有说服力的。除了研究施行问题，基本的问题是要描绘出发挥作用的目标依赖、新的愿景或目标对现在进行的事情的不同效果、这些效果怎样形塑治理进化的下一步骤、个人行动者与共同体作为一个整体的策略选择（Boezeman & Kooij, 2015）。

目标依赖可以用几种方式来类型化。一种方式是它们具有的效果：少数或多数、路径依赖或路径创建、对准目标或朝不同方向运动、创造新的对象和行动者或消除它们，等等。与先前的相反，可以创造一种新的叙事，把它整合进新的治理行动者、新的联合和一种反计划。一种区分它们的不同方式是通过考虑至关重要的目标的形式和宏愿：短期目标或长期目标、大目标或小目标、简单的或复合的目标、全面的或不太全面的目标、正式的或非正式的目标。一种全面发展的愿景占据序列的一端，非正式的短期目标占据另一端。

为了深入理解目标依赖，我们需要系统地把它与治理的权力/知识构型、治理中存在和缺失的各种知识，以及它们怎样影响系统中的思维和行动联结起来（Felder et al, 2015）。目标、愿景和策略可以与一种支配性专业知识、共享的意识形态、在共同体中广泛传播但通过灵巧的行动者的透镜折射的叙事紧密联结起来。治理中产生的隐喻可以导致对问题和解决办法的彻底的再解释，可以产生想望未来的新叙事（Beunen et al, 2013a, b; Van Assche et al, 2012）。类似地，目标建构之后，它的影响由造就治理的知识基体、叙事和意识形态来形塑。如果未来直接源自于身份叙事，治理变成身份政治，也变得不适应。

策略与长远观

部分地由前面提到的进化治理理论的扩展所激发，我们发展了分析治理中策略的形成和效果的一种新框架。策略被概念化为要求连续适应的产生性虚构。它们从不是完全可能的，从不会如期望的或希望的那样精确地制定出来，然而它们是治理必要的和有效的部分。甚至当治理发觉自身作为（在治理内部）再生所是的东西，或（在治理外部）保存所是的东西，作为非计划的、持续的调控需要（例如以传统方式或方向）和治理的连续进化，甚至无需意图，就意味着需要策略。策略自身要求连续的适应，即使这不被承认（Van Assche et al, 2018）。

它也可采取非常不同的形式，从全面的再发展计划到概述和餐巾纸上的几句话。只要存在着以行动导向形式来阐述长远观，它就是策略。需要界定几个步骤：与制度联结、协调机制、与在治理及其嵌入的共同体中出现的和有说服力的叙事和知识相联结。在我们看来，当把它置于治理情境，策略自身需要新的分析；通过进化治理理论透镜来看策略，使得策略观念和策略化行动看上去是不同的（Deacon et al, 2019）。

在治理情境中，即在超越策略化个人、群体或组织的尺度上，考虑到复杂性、多种目标、行动者、共同体中的知识，产生性策略必须同时是：关于未来的叙事；既存的和新的一套联结制度；内聚的制度自身足以被感知到并作为协调工具发挥作用（Van Assche et al, 2018）。

长远观与策略可以用几种方式联系起来。策略可以从观点中突现，观点可以从策略中突现（例如，当策略少有内容，或者明显是关于主要中介目标的一种妥协），它们也可以从同一个过程中共同突现。更进一步，在治理内部和外部所发生的事情可以使这种图景更有意思：治理内部的长远观可以产生策略，或者治理外部的长远观可以产生治理中的策略。治理策略的对象由广义的共同体或政体中的新叙事和长远观来创造，这也是可能的。甚至还有可能，内部叙事触发外部策略构形，从那里把新策略引入可能导致治理进化下一步的治理领域。

结　论

当进化治理理论继续发展着进化治理理论，我们希望，进化治理理论的第一本著作为你分析治理动态和辨识变化的潜在路径提供有力的框架，更加深刻地理解计划、策略化和调控的多种效果。我们相信它完全可用于在各个层次上分析治理系统，从地方的到全球的治理系统，以及它们之间的动态。我们十分高兴地看到本书翻译成中文,并感谢译者启动并协调翻译工作,以及把它语境化。我们希望本书的翻译能为一个全新的研究者网络开启新的工作,并启发他们分析变化着的治理系统,对我们关于治理进化和创新的理论和实践理解做出贡献。进化治理理论可以深刻地改变治理中的学习过程观念,因此也改变适应观念和变化观念(Leta et al,2018)。从其他地方学习,从在进化治理理论中看到的比较治理路径中学习,从我们的过去或路径中学习,从理论中以及从讨论和辩证法中学习,都是可能的和可取的,只要学习者把握了治理进化的根本(Van Assche et al,2017b;2018)。那意味着,最好的实践很少是最好的实践,奇迹方案并不存在,学习他人总是隐含着学习自我,渴望不同的未来需要细心关注从过去到现在的路径。

参考文献

Beunen, R., Patterson, J., & Van Assche, K. (2017). Governing for resilience: the role of institutional work. *Current opinion in environmental sustainability*, 28, 10–16.

Beunen, R., Duineveld, M., & Van Assche, K. A. M. (2016). Evolutionary governance theory and the adaptive capacity of the Dutch planning system. In *Spatial planning in a complex unpredictable world of change* (pp. 98–116). InPlanning.

Beunen, R., Van Assche, K., &Duineveld, M. (2015). *Evolutionary governance theory*. Springer International Pu.

Beunen, R., & van Assche, K. (2013a). Contested delineations: planning, law, and the governance of protected areas. *Environment and Planning A*, 45(6), 1285–1301.

Beunen, R., Van Assche, K., &Duineveld, M. (2013b). Performing failure in conservation policy: The implementation of European Union directives in the Netherlands. *Land use policy*, *31*, 280 – 288.

Bisschops, S., & Beunen, R. (2018). A new role for citizens' initiatives: the difficulties in co – creating institutional change in urban planning. *Journal of Environmental Planning and Management*, 1 – 16.

Boezeman, D., & Kooij, H. J. (2015). Heated debates: the transformation of urban warming into an object of governance in the Netherlands. In *Evolutionary Governance Theory* (pp. 185 – 203). Springer, Cham.

Deacon, L., Van Assche, K., Papineau, J., &Gruezmacher, M. (2018). Speculation, planning, and resilience: Case studies from resource – based communities in Western Canada. *Futures*, *104*, 37 – 46.

de Vries, J. R., Aarts, N., Lokhorst, A. M., Beunen, R., &Munnink, J. O. (2015). Trust related dynamics in contested land use: A longitudinal study towards trust and distrust in intergroup conflicts in the Baviaanskloof, South Africa. *Forest Policy and Economics*, *50*, 302 – 310.

Djanibekov, U., Van Assche, K., Boezeman, D., Villamor, G. B., & Djanibekov, N. (2018). A coevolutionary perspective on the adoption of sustainable land use practices: The case of afforestation on degraded croplands in Uzbekistan. *Journal of Rural Studies*, *59*, 1 – 9.

Djanibekov, N., Van Assche, K., & Valentinov, V. (2016). Water governance in Central Asia: aLuhmannian perspective. *Society & Natural Resources*, *29* (7), 822 – 835.

Duineveld, M., Van Assche, K., & Beunen, R. (2017). Re – conceptualising political landscapes after the material turn: a typology of material events. *Landscape research*, *42* (4), 375 – 384.

Felder, M., Duineveld, M., & Assche, K. V. (2015). Absence/presence and the ontological politics of heritage: the case of Barrack 57. *International journal of heritage studies*, *21* (5), 460–475.

Gruezmacher, M., & Van Assche, K. (2015). The evolution of socio-ecological systems: changing palm species management in the Colombian Amazon as an indicator of ecological and institutional change. *Journal of Environmental Planning and Management*, *58* (11), 2015–2036.

Hayoz, N. (2016). Informal Networks of Power and Control of Deviation in Post-Soviet Non-Democracies. *International Relations and Diplomacy*, *4* (1), 60–69.

Legese, G., Van Assche, K., Stelmacher, T., Tekleworld, H., & Kelboro, G. (2018). Land for food or power? Risk governance of dams and family farms in Southwest Ethiopia. *Land Use Policy*, *75*, 50–59.

Leta, G., Kelboro, G., Stellmacher, T., Van Assche, K., & Hornidge, A. K. (2018, May). Nikinake: the mobilization of labour and skill development in rural Ethiopia. In *Natural Resources Forum* (Vol. 42, No. 2, pp. 93–107). Wiley/Blackwell (10.1111).

Pellis, A., Pas, A., &Duineveld, M. (2018). The Persistence of Tightly Coupled Conflicts. The Case of Loisaba, Kenya. *Conservation and Society*, *16* (4), 387–396.

Van Assche, K., Hornidge, A. K., Schlüter, A., &Vaidianu, N. (2019a). Governance and the coastal condition: Towards new modes of observation, adaptation and integration. *Marine Policy*.

Van Assche, K., Verschraegen, G., Valentinov, V. (2019b) The social, the ecological and the adaptive.

von Bertalanffy's General System Theory and the adaptive governance of social – ecological systems. *Systems Research and Behavioural Science*, 21（3）.

Van Assche, K., Gruezmacher, M., & Deacon, L. (2018). Mapping institutional work as a method for local strategy; learning from boom/bust dynamics in the Canadian west. *Journal of Environmental Planning and Management*, 1 – 21.

Van Assche, K., Deacon, L., Gruezmacher, M., Summers, R., Lavoie, S., Jones, K., ... & Parkins, J. (2017a). *Boom & Bust. Local strategy for big events. A community survival guide to turbulent times.* Groningen/Edmonton, Alberta: InPlanning and University of Alberta, Faculty of Extension.

Van Assche, K., Beunen, R., Duineveld, M., & Gruezmacher, M. (2017b). Power/knowledge and natural resource management: Foucaultian foundations in the analysis of adaptive governance. *Journal of environmental policy & planning*, 19（3）, 308 – 322.

Van Assche, K., Beunen, R., &Duineveld, M. (2016). Citizens, leaders and the common good in a world of necessity and scarcity: Machiavelli's lessons for community – based natural resource management. *Ethics, Policy & Environment*, 19（1）, 19 – 36.

Van Assche, K. (2015). Semiotics of silent lakes. Sigurd Olson and the interlacing of writing, policy and planning. *Journal of Environmental Policy & Planning*, 17（2）, 262 – 276.

Van Assche, K., Beunen, R., &Duineveld, M. (2013). *Evolutionary governance theory: an introduction.* Springer Science & Business Media.

Van Assche, K., Shtaltovna, A., & Hornidge, A. K. (2013b).

Visible and invisible informalities and institutional transformation in the transition countries of Georgia, Romania, and Uzbekistan. *Informality in Eastern Europe*. Bern: Peter Lang.

Van Assche, K., Beunen, R., &Duineveld, M. (2012). Performing success and failure in governance: Dutch planning experiences. *Public Administration*, *90* (3), 567 –581.

Van Assche, K., Duineveld, M., Beunen, R., & Teampau, P. (2011). Delineating locals: transformations of knowledge/power and the governance of the Danube Delta. *Journal of Environmental Policy & Planning*, *13* (1), 1 –21.

Van Dam, R., Duineveld, M., & During, R. (2015). Delineating active citizenship: The subjectification of citizens' initiatives. *Journal of Environmental Policy & Planning*, *17* (2), 163 –179.

目　录

序　言 ……………………………………………………（1）

第一部分　导论

第一章　导论 ……………………………………………（3）
　　参考文献 ………………………………………………（8）

第二部分　作为进化的治理

第二章　进化治理理论的理论来源 ……………………（13）
　　第一节　进化生物理论 ………………………………（13）
　　第二节　社会系统论 …………………………………（14）
　　第三节　后结构主义 …………………………………（17）
　　第四节　制度和发展经济学 …………………………（19）
　　　参考文献 ……………………………………………（22）

第三章　基础概念 ………………………………………（26）
　　第一节　功能分化 ……………………………………（26）
　　第二节　组织分化 ……………………………………（30）

第三节 正式/非正式和失效的制度……………………………（32）
参考文献……………………………………………………（36）

第三部分 进化治理理论的构成要素

第四章 进化路径……………………………………………（41）
第一节 治理路径……………………………………………（41）
第二节 依赖性………………………………………………（42）
第三节 路径创建……………………………………………（45）
参考文献……………………………………………………（46）

第五章 观察、制造和分配事物……………………………（49）
第一节 对象构形和主体构形………………………………（49）
第二节 界限…………………………………………………（53）
第三节 政策、知识/权力、施行……………………………（57）
参考文献……………………………………………………（61）

第六章 叙事力量……………………………………………（64）
第一节 叙事…………………………………………………（64）
第二节 隐喻和开放概念……………………………………（68）
第三节 意识形态……………………………………………（74）
参考文献……………………………………………………（75）

第七章 治理路径和实在效果………………………………（79）
第一节 表演和操演…………………………………………（79）
第二节 表演失败和成功……………………………………（84）
参考文献……………………………………………………（88）

第四部分 应用进化治理理论

第八章 治理及其分类 ……………………………………… (95)
第一节 治理模式 ……………………………………… (95)
第二节 治理维度 ……………………………………… (104)
第三节 空间尺度：个体、组织、共同体 ……………… (109)
参考文献 ……………………………………………… (112)

第九章 进化治理理论模型概观 ………………………… (115)
第一节 行动者/制度和权力/知识构型 ……………… (116)
第二节 依赖性和路径创建 …………………………… (117)
第三节 治理路径、对象和主体 ……………………… (118)
第四节 方法论意涵 …………………………………… (121)
参考文献 ……………………………………………… (123)

第十章 政策制定和进化治理理论：使治理发挥作用 ……… (125)
第一节 正式制度和公民参与 ………………………… (127)
第二节 社会工程 ……………………………………… (128)
第三节 可持续性与创新 ……………………………… (130)
第四节 市场的自治与合理性 ………………………… (132)
第五节 发展 …………………………………………… (133)
参考文献 ……………………………………………… (134)

后 记 …………………………………………………………… (138)

序　言

　　《进化治理理论：导论》为读者提供了一种通向市场、制度和社会共同进化之路的引人注目的新观点，对市场和公共部门改革、发展、公共管理、政治和法律感兴趣的人都能从中受益。基于对三大洲范围广泛的案例研究和各种各样的概念来源，著者们发展出一种澄清标记治理进化依赖关系的本质和功能的理论。这反过来以一种全新方式描绘了对政策实验开放的空间。因此，它提供了一种关于自由主义和社会工程之间的中间地带的新的绘图。在理论上，这种方法利用了广泛的资源配置：制度和发展经济学、系统理论、后结构主义、行动者网络理论、话语理论、计划理论和法律研究。

瓦赫宁根克里斯托夫·范·阿斯切
拉乌尔·博伦
马泰恩·杜勒维尔德

第一部分

导 论

第一章

导 论

理解变化已经成为当代治理及其理论所面临的最严峻的挑战之一。全球经济危机已经表明，许多不同领域与学科中的研究者和参与者，在理解和说明我们社会中的不可预期的事件和变化时，面临着巨大困难。对推动治理进化不同机制的不充分把握，对这些机制相互作用的片面的并常常是意识形态的看法，确认了这种知识和专业（expertise）的缺乏。

对于学术领域来说，不仅预测变化是困难的，给出答案也是这样。通常那些作为答案出现的政策、计划和程序都失败了，是因为它们不适应当前的形势、协调政策和实践方式，或者，相反，是他们过多地依据诸多嵌入治理结构的旧叙事来看待新形势。因此，令人诧异的是治理进化及其过程、驱动力和机制鲜为人关注。进化治理理论（ECT）① 提供了一种新的和内聚性的视

---

① 短语"evolutionary governance theory"按照语序直接翻译为"进化治理理论"。为了准确理解这个概念，译者向作者提出一个问题，即它是否等同于"evolutionary theory of governance"，这个概念可直译为"治理进化论"。作者给出的答复是，他愿意坚持"evolutionary governance theory"这一提法，因为它不仅是一种描述（它当然是一种进化治理理论），而且也是一个名称、一种标签（像克里斯托夫或者可口可乐），进化治理理论仍然可以是一类或者一组理论。最重要的是，这个概念表达了：它是一种进化论，不是把原理从进化生物学复制到社会（the social），而是从那些进化的治理开始；进化不仅是适者生存，而且是协同进化的复合体，通过反复的相互作用而相互变革。意向有其位置，但是持续的自我复制、反复的相互作用，已经促使事物改变。根据作者的意见，译者把这个概念翻译为"进化治理理论"，并把它看作基于进化论的治理理论，而不仅仅是关于"治理进化"的理论。——译者注。

角。有些问题能够在某些治理路径中更轻易地被预测，这些治理路径更容易给出确定的回答。进化治理理论建立在多门学科的概念和方法之上，如经济学、公共管理、社会学、人类学、哲学、政治科学、历史学和文化研究。制度和发展经济学、社会系统论和后结构主义为其概念架构提供了许多关键的结构要素。该架构既是新颖的，也是独特的，它能够推进其他理论，同时为紧迫的政策问题提供新的解答。

本书所关注的是治理，它已不是一种新的现象。在进行集体约束性决策时，总有比政府更多的参与者。很多参与者在中世纪和绝对主义国家鼎盛时期就牵扯进来，很多则是现在才牵扯进来。尽管从管治（government）① 到治理（governance）的转变有时被表述为与过去（假定由中央政府、官僚体制、法律、政策和计划所支配）的戏剧性断裂，它需要以更加精细的术语来理解，而不是将现代国家陈旧的自我表述当作能在社会中创造透明性，并能进行调控（steering）② 和实施社会工程的东西（Luhmann 1997；Pierre and Peters 2000；Rhodes 1996；Scott 1998）。

公共管理及其相关学科中的另一种占支配地位的话语也是如

---

① 中文文献中关于"government"一词的翻译有多种，如"政府""管控""治理""管治"等。从构词法来说，"government"是动词"govern"的名词形式，当它指称某一具体行为时，可以根据语境翻译为"管控""管治"等，但不应翻译为与"governance"相对应的"治理"。当它指称实施这一行为的主体或实体时，应当翻译成"政府"。

② 中文文献关于"steering"一词的翻译可以有多种，如"掌舵""领控""操纵""控制"等。根据作者对这个词的意义解释和语境相关性，译者把它译为，"调控"。作者认为"调控"一词可以意指不同的事物。大体上，可把它作为一个简单概念来使用，指称治理的这个方面，它试图改变事物，把行动者和共同体结合成整体——为了使共同体走向治理所构想的特别方向，做出决策和创建制度。调控假定了调控权力，特别是在现代主义意识形态中，这种调控权力被估计过高，当缺乏反身性而产生错误的自我形象，把治理嵌入社会就会有一种错误的治理形象。一种极端形式叫作制度魔法（institutional magic），在那里假定了要遵循规律。因为它们是规律，更为复杂的是，计划变成了现实，因为所有人都愿意遵循它们，这种遵循将会创造计划所构想的新现实。——译者注。

此，公民参与话语被作为拯救政府和市场弊病的灵丹妙药（Dryzek 2000；Fischer 2009；Forester 1999；Van Assche 2008；Van Assche et al. 2011）。这种话语最好被理解为存在于后期现代主义政府类似的自我呈现的魔力之中。公民总在那里，代议制民主的缓慢进化机制并没有消解公民。而是说，对于许多公民和类似的科学观察者来说，民主和市场的语义学看似已经发生变化，使代议制民主的诸多结构和进程感到陌生，并产生其工具要么是无权力的，要么是压迫性的看法。与此同时，公民感到就像远离市场一样，无力反对据说在一个小政府的新自由主义时代得到释放的力量。

与之并行的是，对法律、政策和计划的批判在几个学科中得到发展（Allmendinger 2001；Pressman and Wildavsky 1979；Beunen 2010）。这些管治（governmental）工具要么表现为权贵的压迫性武器，要么表现为不能适应新的进化的无力管治工具（Scott 1985；Kornai and Rose-Ackerman 2004）。与此同时，很多针对新自由主义市场体制及其环境后果与它对地方性民主和自组织的破坏的批评者，再次呼唤新的和更有效的法律、政策及计划。科学共同体中的大部分（除了经济学家）似乎厌恶市场，特别是全球市场（Leman 2000）。但是这些研究者似乎都与管治有着暧昧关系，亦敌亦友，这或许是一种为了由科学以某种方式所启蒙的高度现代主义国家理想而遍布怀旧之情的关系。这一回是一门关于环境正义（environmental justice）的科学，一门关于公平的经济关系和地方性民主的科学。幸运的是，科学共同体并不是同质化的，与现行的和想望的政治经济学的许多不同看法已经在不同学科中出现。

本书建立在长期的研究和实验、跨越三大洲①的实地调研和对许多学科理论反思的基础之上。它是一个简介，一种正在开展的工作，一种我们称为进化治理理论或 EGT 的要求和范本。我们想要为管治的自由主义途径与社会工程思想之间的领域，以及产生了社会优化组织的完全自由市场神话与实现乌托邦梦想的中央计划神话之间的领域，描绘一幅新的图景。我们认为这两种路径都是神话，因为它们是从意识形态前提出发，而不是从对治理和治理效果的分析出发（比较：Machiavelli 1988）。关于市场和民主变化的洞见，以及关于产生这些变化的进化的洞见，我们认为具有实践上和理论上的重大意义。

必须要有一种进化论视角，因为治理安排的效果总要受到行动者、话语和制度动态网络的影响。不同作者已经说明了正式制度怎样从非正式制度进化而来，以及这些非正式制度是如何维持、修改、破坏、加强和补充正式制度的（Greif 2006；North 2005；Ligrom et al. 1990）。法律、计划和政策的施行历史，如果不参照这种非正式性就不能被理解。我们需要理解的是，组织、观点和制度是如何在彼此相互联系中持续变化的。此外，对民主的不同形式的反思，不仅应该包含对组织结构和正式制度的差异的描述，还应该包含对正式和非正式的结构与制度的相互交织的描述（Van Assche et al. 2012a）。民主的本质可能在于自我变革的规则、改变规则之规则的出现，一种政体的特性可以被视为规定其自我变革的正式和非正式制度构型②。这意味着，进化模式作

---

① 三大洲是指欧洲、北美洲和南美洲。作者后来把实地调研扩展到亚洲和非洲。——译者注。

② 根据作者的后结构主义逻辑，译著把"configure"和"configuration"都译为"构型"，而把"form"和"formation"都译成"构形"。"构形"主要指构建新的形式，"构型"则可指构造或构建形式和内容的统一体。——译者注。

为政治共同体的本质是可见的。

关于市场，也可以做出类似的观察。多种市场的存在，依赖于正式结构，依赖于与法律、政治，可能还有科学之间的特殊联系，也建基于针对市场交易的正式的与非正式的协调机制之间的不同关系。市场是在作为政治结构的同一个非正式网络中形成的，以多种形态发展，被非正式性和它与政治、法律的关系所形塑（Greif 2006）。理解治理和市场形式的多样性，需要理解它们形成的历史，这是一种进化观点。

市场和民主及其进化中的变化，已经产生了许多不同的治理系统（North et al. 2009；Ostrom 2005）。理解变化和进化，有助于理论和实践与那些在"或大或小的"政府之间，或"惟一"（the）自由市场和"惟一国家"①之间做出刻板选择的观点，保持更具批判性的距离。多种市场和多种政府形式是可能的。法律、经济和政治之间的多种联系是可能的，许多正式和非正式制度的构型存在于实践之中。可认知的市场出现在进化中，这些进化同时形塑了规则（制度）、角色（行动者）和组织（使这些角色具体化以及政治、经济与法律之间的特定联系具体化）。

因此，进化治理理论把治理理解为彻底进化：治理的所有要素都服从于进化，它们协同进化，大部分要素是治理本身的产物。这种观点创造了新的分析空间，也为干预创造了新的空间和模式。它也设想了干预的新的限制。市场与国家的二分可能会消解，新的变化可能会发生。但是人们不能简单地重新设计资本主义民主，或者任何其他体制，或者经济和政治领域之间的任何其他联系（Allina-Pisano 2008；Verdery 2003）。人们不能从进化之

---

① 根据作者的说明，这里的"the"指的是假定只有一种可能形式或正确的自由市场形式，或者假定只有一种民主形式或理想的国家控制形式的理论。因此，中文翻译为"惟一"。——译者注。

树的各分支跳到其他可设想的各分支。进化的特征是依赖性（dependency）[①]。

在下一章介绍了该理论的理论渊源和基本的构成要素之后，我们将会反思进化治理理论的这些政策意涵。

参考文献

Allina-Pisano, J. (2008). *Post soviet potemkin villages. Politics and property rights in the black earth.* Cambridge: Cambridge University Press.

Allmendinger, P. (2001). *Planning in postmodern times.* London: Routledge.

Beunen, R. (2010). *The governance of nature: How nature conservation ambitions have been dashed in planning practices.* Wageningen: Wageningen University.

Dryzek, J. (2000). *Deliberative democracy and beyond.* Oxford: Oxford University Press.

Fischer, F. (2009). *Democracy and expertise: Reorienting policy inquiry.* Oxford: Oxford University Press.

Forester, J. (1999). *The deliberative practitioner. Encouraging participatory planning processes.* Cambridge: MIT Press.

Greif, A. (2006). *Institutions and the path to the modern econo-*

[①] 作者对这个概念的进一步说明是，"dependency"是一个在 EGT 中获得了新意义的词，因为它是 EGT 的核心概念，因此不能用一个词来翻译，正如 EGT 当中所说明的那样。EGT 中的"dependencies"是治理路径当中的"刚性"（rigidities），三种"依赖性"（即路径、相互依赖和目标）意味着治理进化下一步骤的三种选项的还原形式。因此，根据语境，"dependency"译为依赖性或依赖关系，"dependence"译为"依赖"。——译者注。

my: lessons from medieval trade. Cambridge: Cambridge University Press.

Kornai, J., & Rose-Ackerman, S. (eds.). (2004). Building a trustworthy state in post-socialist transition. New York: Palgrave.

Leman, J. (ed.). (2000). The dynamics of emerging ethnicities: Immigrant and indigenous ethnogenesis in confrontation. Frankfurt: Peter Land.

Ligrom, P., North, D., & Weingast, B. (1990). The role of institutions in the revival of trade: The law merchant, private judges and the champagine fairs. Economics and Politics, 2 (1), 1 – 23.

Luhmann, N. (1997). Die gesellschaft der gesellschaft. Frankfurt: Suhrkamp.

Machiavelli, N. (1988). The prince. Cambridge: Cambridge University Press.

North, D., Wallis, J., & Weingast, B. (2009). Violence and social orders. a conceptual framework for interpreting recorded human history. Cambridge: Cambrigde University Press.

North, D. C. (2005). Understanding the process of economic change. Princeton: Princeton University Press.

Ostrom, E. (2005). Understanding institutional diversity. Princeton: Princeton University Press.

Pierre, J., & Peters, B. G. (2000). Governance, politics, and the state. Basingstoke: Macmillan.

Pressman, J. L., & Wildavsky, A. B. (1979). Implementation: How great expectations in Washington are dashed in Oakland (2d edn.). Berkeley: University of California Press.

Rhodes, R. A. W. (1996). The new governance: Governing

without government. *Political Studies*, 44 (4), 652-667.

Scott, J. C. (1985). *Weapons of the weak: Everyday forms of peasant resistance*. New Haven: Yale University Press.

Scott, J. C. (1998). *Seeing like a state: How certain schemes to improve the human condition have failed.* New Haven: Yale University Press.

Van Assche, K. (2008). *Va 'Amenez-nous les citoyens et incluez-les!' Les chemins tortueux de la participation citoyenne dans les theories et les pratiques de l' urbanisme contemporain*. In M. Hubert & F. Delmotte (Eds.), *La cite administrative de l' etat a la croisee des chemins. Des enjeux pour la ville et l' action publique a Bruxelles*. Brussels: Editions La Cambre.

Van Assche, K., Beunen, R., & Duineveld, M. (2012a). *Formal/informal dialectics and the selftransformation of spatial planning systems: An exploration.* Administration and Society (online first).

Van Assche, K., Duineveld, M., Beunen, R., & Teampau, P. (2011). Delineating locals: Transformations of knowledge/power and the governance of the Danube Delta. *Journal of Environmental Policy and Planning*, 13 (1), 1-21.

Verdery, K. (2003). *The vanishing hectare: Property and value in postsocialist Transylvania*. Ithaca: Cornell University Press.

第二部分

作为进化的治理

第二章

进化治理理论的理论来源

摘要：本章概述进化治理理论的主要理论来源——社会系统论、新制度经济学、发展经济学和不同形式的后结构主义。

第一节 进化生物理论

进化治理理论观点中的进化，是一个创造和淘汰变体的过程。这是一个从旧的变体中创造新的变体、结构在流动中逐渐突现（emergence）并强化的过程，是那种结构在持续的进化中逐渐变革的过程（比较：Stichweh 2000；Luhmann 1997）。我们把进化治理理论描述为一种彻底进化的观点，因为每个事物都是进化的产物，包括要素和结构、相互作用以及变革的规则。因此在治理中，规则（制度）、角色（行动者）和组织（使角色具体化）之间的相互作用和变革规则都是进化的结果。不涉及进化，它们就不可能被理解。然而，并非每一事物都能通过指涉治理的内在进化来说明。

进化治理理论在基本层面上受惠于生物进化理论，特别是由两个生物学家——弗朗西斯科·瓦雷拉（Francisco Varela）和汉贝托·马图拉纳（Humberto Maturana）（Maturana and Varela

1987）所发展的那种理论。他们构想了自创生（autopoiesis）① 的观念——一个生物系统中的每一事物都是该系统进化的产物。在逻辑上，人们不能参照环境来说明观察到的特征。例如，细胞中所呈现的东西，细胞构成要素、生物化学过程、繁殖系统，必须用现存的要素和程序把它们说成是细胞繁殖过程的结果。如果细胞向环境的直接干预开放，它就会分解为分离的要素。它的繁殖将会停止，也就无法再称其为细胞。对于瓦雷拉和马图拉纳来说，自创生因此需要运作封闭（operational closure）：细胞繁殖依靠完全内在于细胞的一套操作。环境以不同方式产生影响，如通过对细胞内的过程产生输入，但是什么算作输入以及它如何被处理，是在细胞内并由细胞单独来界定的。环境总是在系统中并由系统所解释，从来不以某种方式决定其适应性。解释图式本身是进化的产物。

第二节　社会系统论

尼克拉斯·卢曼（Niklas Luhmann），社会系统论之父，从瓦雷拉和马图拉纳那里借用了自创生和运作封闭概念（Luhmann 1989；Maturana and Varela 1987）。经过30多年，他建构了一种社会理论，可以被视为进化治理理论最重要的基础（Luhmann

---

① 国内大多数学者把卢曼的"autopoiesis"概念翻译成"自我生成"。本译著把它翻译为"自创生"，因为"自我生成"可以以简单适应环境而自身无变化的方式来实现，作者的意思是一定要避免这种歧义的产生。唯一的再生（注意不是简单而无变化的复制）逻辑，也就意味着每一次再生都是创新性的，"自创生"似乎更加符合此意。应译者要求，作者对这一概念给予进一步说明：它是来自社会系统论的概念，在此情况下，源自瓦雷拉和马图拉纳的进化生物学，因此不能用一个词来翻译。但可以这样来说明：它意味着以一种特殊方式来自我再生（self-reproducing），不仅系统的要素、运作和结构，而且系统的边界，都是系统运作的产物、持续自我再生的产物，适应环境仅仅是可能的，因为存在系统边界和再生的内在逻辑。每一个系统因此有着唯一的再生逻辑，一种自创生（autopoiesis）形式。

1995，2000，2004）。瓦雷拉和马图拉纳试图把他们的理论修改成一种社会理论，但卢曼的神来之笔是既不把人也不把行动，而是把交往（communications）① 确认为社会自创生理论的基本要素（Luhmann 1989）。根据卢曼的观点，社会系统不过是对内部和外部环境的解释和再解释的持续过程。

卢曼将社会看作正在变得越来越丰富的社会系统的人口（population）。他区分了社会系统的三个范畴。第一，相互作用（交谈）（conversation），是处理环境复杂性能力有限的短暂系统。第二，组织，是通过决策进行自我再生的具有清晰界限的社会系统。第三，功能系统，是通过成员观点的特殊性而不是他们之间的关系来描绘的系统。法律、经济、政治、宗教、科学和教育是功能系统的实例，每一个都在包罗万象的社会系统的再生中发挥一定的作用。一个功能系统通过运用特定法则来再生，从而维持它与其他功能系统相对的边界。法律根据基于合法/非法相区分的图式来看待事实，科学运用真/假的区分，经济根据有价值/无价值的区分来计算，而政治则是通过有权力/无权力的区分来运作。

所有社会系统都是自我指涉（self-referential）的。每一社会系统根据唯一的基本区分、概念和程序，内在地产生自我与

---

① 为了弄清卢曼的"交往"概念的准确含义，译者向作者提出这样的问题：卢曼的交往概念与哈贝马斯的交往概念有何区别？作者的回答是：区别是有的，对卢曼来说，也对后结构主义、一般的后现代主义和建构主义来说，世界由交往构成，我们通过交往认识事物，即解释。通过交往，我们建构自己的世界和探究它的方式。对卢曼而言，还有另外的含义（catch）：社会系统由交往构成，这意味着不是由人构成，也意味着社会系统是交往、解释、思维（和由此引发的活动）的特殊化形式，这以自创生的特殊化形式为标志。哈贝马斯远离了这个世界。EGT没有借用卢曼的交往定义的特殊形式，这里也没有必要跟随他，只是为了清楚说明治理构型的进化。对EGT来说，它有自己的构建，不可全靠借用，因为我们与卢曼的目的不同，从不同的来源增添观念，再加上自己的观念，进入新的概念构建，并想把它与福柯的话语理论相联系。——译者注。

外部世界（即其他社会系统甚至整个世界）的建构，并从它的交往网络中反复地生产交往（Teubner 1989）。每个社会系统通过内部要素，通过并涉及早先的概念、区分和程序来自我再生。由此社会系统论提供了一个理论框架，用来分析造成历史上偶然的社会话语实践（社会系统）的交往过程，这些实践形成自我变革的标准（Luhmann 1995，2004；Teubner 1988）。

卢曼本人并不欣赏后现代主义这个术语，但他的认识论依靠德国的激进建构主义传统，该传统认为"现实"是观察的副产品（Glasersfeld 1995）。异己指涉（hetero-reference）对于社会不只是作为一套不相关的次级系统运行是可能和必要的，它总是建基于自我指涉。在环境中被感知的每一个对象、主体、行动、叙述，都是根据系统图式被感知和解释的。环境包括其他社会系统、其他功能系统、组织和相互作用。

卢曼把交往作为社会系统基本要素的第二个后果就是交往失去了透明性。它自启蒙以来对于政治哲学家来说特别重要，并为从洛克和孟德斯鸠到哈贝马斯以及参与倡导者的许多政治理论和治理理论奠定了基础（King and Tornhill 2006）。对于卢曼来说，社会系统是认识开放但运作封闭的，它们不断地从环境中学习，但受制于自身条件。交往是两个个体之间潜在透明的联系，并引申为能够统一政治共同体和做出公平决策的构造，这个后启蒙（post-enlightenment）假设，在社会系统观点中破碎了。人们是在参与交往，如果他们想与其他人交谈，想分享一些经验，只有通过说出某些对其他人总是有着不同意味的东西才是可能的，因为交往的运作封闭，一个自创生的中间地带徘徊在两个由自创生所封闭的心灵之间（Luhmann 1995）。这同样适用于社会系统：它们不能直接地彼此交往。无论在它们的环境中发生了什么，都需要根据自身的自创生特性，依靠一套唯一的基本区分、解释程序和语义学来解释。一切都是解释，不断地再解释。

从社会系统的观点看，它强调人作为个体以两种方式存在很重要，一是作为这个或那个社会系统（在其中，个体 X 以角色 Y 被识别）的归属（ascriptions），二是作为心灵系统，能够处理意义，它是社会系统环境的一部分。人和社会系统，作为彼此乐意和必要的环境，协同进化。人和系统总是彼此保持部分的不透明，并以一种不可完全预测的方式对调控企图做出回应。这对于卢曼来说不是问题，而是复杂社会发展和运行的前提条件（King and Thornhill 2003；Luhmann 1997）。

第三节　后结构主义

后结构主义对不同的人意味着不同的事情。我们把它理解为一种建构主义认识论，用于分析治理作为不同世界交汇之处的一份清单。治理表现为不同世界在其中冲突、争先、突变、变革、重组的一个过程，吸纳、反思并创造现实。由后结构主义者米歇尔·福柯、罗兰·巴特（Barthes 1957；Foucault 1972，1994）、雅克·拉康（Lacan and Fink 2006；Haute 2002）、雅克·德里达（Derrida 1967，1972，1973）、布鲁诺·拉图尔（Latour and Woolgar 1986；Latour 1999）和吉尔·德勒兹（Deleuze and Guattari 1987，1994；Deleuze and Howard 2000）所做的工作已经为理解治理提供了许多借鉴，在后面的章节中将会有选择性地发掘。对于每个理论家来说，在不同学科中实质性文献得到增长，有着不同的重点和偏见，以及对其他学科和理论家存在不同程度的封闭。我们不会强调每一个版本的福柯或者市场论者的任何一个，但会指明哪个为我所用及其原因。

在后结构主义者中，福柯对进化治理理论的建构最为重要。

我们会把福柯的几个概念和洞见纳入概念框架。首先是话语（discourse）。与福柯一致，我们将话语视为一套结构化概念，它能够通向实在①的特定部分或方面，同时也遮蔽其他部分或方面（Foucault 1972，1994；参考：Howarth 2000）。作为整体的实在和作为终极基础的实在不能被认识。福柯从未否认话语之外的事物的存在，但一旦推理、观察或交往，我们就在话语中，所作所为，也被话语所构造。在他们的观察和施行中的行动和运动，从未离开与话语结构（discursive structures）②相联系的结构化。

话语在不同层次上发展和应用结构。话语发展出概念、对象和主体，它们能够引导自主的生活，获得优势，转移、回归并调整更广阔的话语语境。话语具有叙事结构，包括人物、事件、情节、英雄和反派、平静和戏剧性高潮。叙事能够被嵌入意识形态，来说明整个世界、组成政体的方式和生活方式。意识形态围绕隐喻旋转，以新的方式看待世界。隐喻能够通过利用类似的观察角度嵌套在另一个隐喻中。

---

① 本译著根据不同的语境，把"reality"翻译成"现实"或"实在"，复数形式的"realities"大多数译成了"现实"。"实在"与"现实"相比，能够指称时间尺度更大、适用范围更广的对象。作者不同意站在不同的实在论立场上来理解"reality"，而是应当从话语理论的立场来理解。在实在论之外，可以、必须把实在和现实理论化，虽然它们看上去非常不同。现实的复数形式来自话语的多元性，它根据自身的逻辑可以产生平行的甚至是矛盾的现实。可以在系统论者、后结构主义论者和激进建构主义者那里找到这种观念。——译者注。

② 本译著把"discourse"译为"话语"，"discursive"是"discourse"的形容词形式。英文词语"the discursive"引申自话语，它意味着什么是话语，什么被建构成话语，中文译为"话语形式"。"话语上建构的"（discursively constructed）意味着在话语中并作为话语来建构。作者对 EGT 与这些概念的关系的补充说明的是，EGT 从可追溯到的福柯的后结构主义话语理论借用了"话语"这一概念，因此，"话语"不是"言语"（speech）。话语作为世界可企及和人创造世界的概念结构，在这里与卢曼及其建构主义相联系。话语既揭示又隐藏。EGT 是一种建构主义理论和后现代主义理论（即使卢曼不喜欢这个词），这意味着它不仅要以话语形式来认识和谈论，而且只能通过话语来认识它；还意味着我们通过话语创造世界和现实。在话语之外存在着事物，但是我们只能通过话语来认识。科学话语（scientific discourse）可能不同于此，但不是本质上的；它最终也是允许新的话语建构的一种话语建构。——译者注。

从进化治理理论的观点看，在它们通过指涉及自身要素来建构世界以及新结构总是建基于先前结构的意义上，话语是自我指涉的，这与卢曼的看法相同。话语在进化。它们在持续的过程中变革，并通过这些过程反复地自我再生，但是这种变革是由自我指涉性（self-referentiality）所支配的。人们因此可以谈论运作封闭和自创生（Teubner 1989）。在这个层面上，话语理论与社会系统论是相融的。人们可以进一步把它与系统论相比较，并指出：对于福柯，同样对于拉康，关于整个话语世界所说的任何事情，都能够在话语的一种较小尺度上得到反映；而且，在话语之间移动，需要跨越不能被话语封闭的距离（Haute 2002）。由其他后结构主义者所分析的话语机制，以及他们出于此目的而发展出的许多概念，能够被引入进化治理理论的发展框架。我们将会看到，罗兰·巴特论及话语迁移、隐喻和意识形态的洞见（Barthes 1957），能够在进化治理理论的框架中获得新的效力。我们还将求助于雅克·拉康来分析开放概念（Kooij et al. 2013），它是通过掩盖话语之间世界建构的差异能使治理再生的一个非常通用的概念。

第四节 制度和发展经济学

社会系统论和后结构主义可以在治理进化观点的发展中相结合，因为每种理论都始于由解释所构成的世界，一个恒常变动的世界，在其中各种解释相互竞争和进化。这些理论世界为人们、个体和群体的行动能力（agency）[①] 留下了空间。正是个体和群体

[①] 根据作者的说明，"agency"不同于"action"（行动），行动是所发生的某些事情，由某人所完成，而"agency"是指"the capacity to act"，因此中文翻译为"行动能力"。——译者注。

在他们的行动能力中，在他们对于其他个体和群体及其行动能力的观察中，从不会回避权力、交往自主和话语自主（Van Assche et al. 2011）。在治理情境中，不同群体的对话必然是解释之网，它在每个群体内部、群体之间，可能还进一步框定了会发生什么的组织构架语境。它将会是这种网络，融并自我、他人、行动、目标等的现存归属，并几乎确定地变革那些超越言说者的意向性和/或理解的东西。某些东西一旦说出，就服从于话语机制，服从于隐喻滑动（metaphoric slide），服从于通过乌托邦和恶托邦（dystopias）所渗透的曲解，服从于不完全受掌控的权力的纠缠。

对话语的自主性和结构化特性的断言，对交往自创生和运作封闭的断言，并不排除个体行动能被结构化并产生效果。如果我们对一种进化的，并能设想市场与政治之间关系的变化形式的治理理论感兴趣，就应该增添一种观点。这种观点，能够以接受偶然性和进化，并且允许以多种现实与合理性的方式，阐明经济和政治的行动能力。我们相信这种理论存在，故将其定位于制度经济学和发展经济学的领域。

我们采用诺斯（2005）、希伯莱特（2010）、格雷夫（2006）、艾格森（2005）、阿西莫格鲁（2012）、伊斯特利（2006）和奥斯特罗姆（2005）在制度经济学和发展经济学的旗帜下所做出的工作，尽管要认识到他们之间的个别差异，不过我们想要强调这些经济学分支所发生的引人注目的变化。在过去的十年中，这些变化使这些分支对进化治理理论的建构更有吸引力。首先，与很多作者一道全面阐述一种彻底的进化观点。对后期诺斯、格雷夫和希伯莱特这些人来说，这一观点尽可能地承认规则（制度）、角色和组织的协同进化，承认正式制度从非正式性中突现（emergence），承认非正式制度在正式制度运行中延续的重要性。其次，这些作者承认政治和法律对于市场结构和运行的重要性，超越了对假设是统一性条件的

"法则"的简单认同。市场被嵌入其他制度，并因为这些制度而发挥作用。再次，在这种新方法中，市场安排和协调机制的多样性，不限于偏离或朝向"自由"市场，变得可观察。不同的市场形式，与不同形式的政治和法律组织相联系，被解释为（在经济领域内）不同进化和（与法律和政治一起）协同进化的结果。最后，诺斯、格雷夫、希伯莱特和艾格森逐渐发现，因为价值和交易成本都是在文化上被建构的，正式协调和非正式协调之间的关系在每种文化和共同体中是不同的，所以表现为合理的和真实的东西不是一个统一的建构。

这些经济学家没有涉足后结构主义或社会系统论。他们的研究通常始于小尺度观察或者对早期或不发达市场的相互作用的历史研究。他们在研究中像其他学者在地理学、人类学、公共管理和政策的研究中一样，指出结构和行动能力确实处在相互塑造的辩证关系之中。更重要的是，他们观察到行动的结构化产生于话语和先前的行动，没有行动逻辑（例如理性市场行为）能够独立于话语被抽象出来。此外，他们表明，非经济领域（例如法律和政治）的话语及其组织结构，影响了经济领域的行动和话语。这些洞见使得在进化治理理论的建构中把经济学这一分支与社会系统论和后结构主义相结合成为可能。

社会系统论发展于20世纪八九十年代；后结构主义则发展于20世纪七八十年代，但是最近才被运用于治理研究中；制度经济学在21世纪之后才问世，使我们能够描绘出一幅治理进化的图景。引入的概念不足以指明源于这些理论的要素的可能组合，它们不是进化治理理论本身。不论怎样，已经交代的东西让我们去把握，这是能确立一种观点的基础。这种观点使我们把治理看作彻底进化的，看作由行动和观念驱使的，看作根据自我、环境、过去和未来的形象而行动的，这些形象自身也在进化。

在接下来的章节中，我们将较少谈及这三种基础理论，更加关注进化治理理论的建构。从基础理论中引出的要素将被吸收，通常是修改，它们的起源也会被提及。很多其他概念和洞见是新颖的，像进化治理理论本身的结构一样。然而，其他观点仍然有不同的起源，范围从亚里士多德经过马基雅维里（Machiavelli）到景观生态学（landscape ecology）、计划理论（planning theory）和符号学。我们逐渐把工作转向澄清进化治理理论的突现秩序（emergent order），作为一种吸收了多种来源要素的自主理论（第九章）。下一步（第三章）明显地停留在系统理论和制度经济学的根基上。我们将探讨功能分化和组织分化，正式的、非正式的和失效的制度，并以一种新的方式把新旧概念重新组合，更详细地阐述进化概念。这个更完善的概念将在第四章中用于分析治理路径。

参考文献

Acemoglu, D., & Robinson, J. (2012). *Why nations fail. The origins of power, prosperity and poverty.* New York: Crown Business.

Barthes, R. (1957). *Mythologies.* Paris: Éditions du Seuil.

Deleuze, G., & Guattari, F. (1987). *A thousand plateaus: Capitalism and schizophrenia.* London: Continuum.

Deleuze, G., & Guattari, F. (1994). *What is philosophy?* New York: Columbia University Press.

Deleuze, G., & Howard, R. (2000). *Proust and signs: The complete text.* London: Athlone.

Derrida, J. (1967). *De la grammatologie.* Paris: Editions de Minuit.

Derrida, J. (1972). *La dissémination.* Paris: Editions du Seuil.

Derrida, J. (1973). *Speech and phenomena, and other essays on Husserl's theory of signs.* Evanston: Northwestern University Press.

Easterly, W. (2006). *The white man's burden: Why the West's efforts to aid the rest have done so much ill and so little good.* Oxford: Oxford University Press.

Eggertsson, T. (2005). *Imperfect institutions: Possibilities and limits of reform.* Ann Arbor: University of Michigan Press.

Foucault, M. (1972). *The archaeology of knowledge & the discourse on language.* New York: Pantheon Books.

Foucault, M. (1994). *Truth and juridical forms.* In J. D. Faubion (Ed.), *Power. Essential works of Foucault 1954 – 1984* (Vol. 3, pp. 1 – 89). New York: The New Press.

von Glasersfeld, E. (1995). *Radical constructivism: A way of knowing and learning.* London: Falmer Press.

Greif, A. (2006). *Institutions and the path to the modern economy: Lessons from medieval trade.* Cambridge: Cambridge University Press.

Haute, P. V. (2002). *Against adaptation: Lacan's "subversion" of the subject.* New York: Other Press.

Howarth, D. (2000). *Discourse.* Buckingham: Open University Press.

King, M., & Thornhill, E. (2003). *Niklas Luhmann's theory of politics and law.* Basingstoke: Palgrave Macmillan.

King, M., & Tornhill, C. (eds.). (2006). *Luhmann on law and politics. Critical appraisals and applications.* Oxford: Hart.

Kooij, H., Van Assche, K., & Lagendijk, A. (2013). Open concepts as crystallization points and enablers of discursive configurations: The case of the innovation campus in the Nether-lands. *European Planning Studies*, *Online First*.

Lacan, J., & Fink, B. (2006). *Ecrits: The first complete edition in English*. New York: W. W. Norton & Co.

Latour, B. (1999). *Pandora's hope: Essays on the reality of science studies*. London: Harvard University Press.

Latour, B., & Woolgar, S. (1986). *Laboratory life: The construction of scientific facts*. Princeton, N. J.: Princeton University Press.

Luhmann, N. (1989). *Ecological communication*. Chicago: University of Chicago Press.

Luhmann, N. (1995). *Social systems*. Stanford: Stanford University Press.

Luhmann, N. (1997). *Die gesellschaft der gesellschaft*. Frankfurt: Suhrkamp.

Luhmann, N. (2000). *Art as a social system*. Stanford: Stanford University Press.

Luhmann, N. (2004). *Law as a social system*. Oxford: Oxford University Press.

Maturana, H. R., & Varela, F. J. (1987). The tree of Knowledge. *The biological roots of human understanding*. Boston: Shambhala Publications.

North, D. C. (2005). *Understanding the process of economic change*. Princeton: Princeton University Press.

Ostrom, E. (2005). *Understanding institutional diversity*. Princeton: Princeton University Press.

Seabright, P. (2010). *The company of strangers: A natural history of economic life*. Princeton: Princeton University Press.

Stichweh, R. (2000). *Die weltgesellschaft. Soziologische analysen.* Frankfurt: Suhrkamp.

Teubner, G. (ed.). (1988). *Autopoietic Law: A new approach to law and society.* Berlin: Walter de Gruyter.

Teubner, G. (1989). How the Law Thinks: Towards a Constructivist Epistemology of Law. *Law & Society Review*, 23, 727–758.

Van Assche, K., Duineveld, M., Beunen, R., & Teampau, P. (2011). Delineating locals: Transformations of knowledge/power and the governance of the danube delta. *Journal of Environmental Policy and Planning*, 13 (1), 1–21.

第三章

基础概念

摘要：本章提出进化治理理论的一些基础概念，详细阐述功能分化和组织分化，以及正式的、非正式的和失效的制度。这两组概念相结合的方式，形成关于治理路径观点的基础。

第一节 功能分化

功能分化观念并不新颖。许多理论家注意到了事情改变的进路。社会在演变，出现了新的角色、功能、组织、群体，其他的则消失了。我们借鉴卢曼的观点和社会系统论，但其他形式的功能分化，则被从马克斯·韦伯（Max Weber）和爱米尔·迪尔凯姆（Emile Durkheim）到塔尔科特·帕森斯（Talcott Parsons）等社会历史学家和早期系统理论学家理论化了（Luhmann 2010）。一般来说，从中世纪开始的欧洲历史是观察的领域（Luhmann 2004）。这些著者从城市的发展、贸易与地方自治相结合的复兴、学问（learning）的兴起中，看到了功能分化的过程（Seabright 2010；Greif 2006）。在社会中，功能领域的缓慢分离，以组织化的形式进行，使之可能达到复杂性的下一层次。他们还注意到这些过程相互交织。自我治理（self-governance）使得发现税收水平、有益于贸易的共同体投资成为可能。配备专业与独立的裁判者，能更好地解决贸易冲突，并因此有助于扩大贸易。一定的读写能力有助于簿记，一旦有了专业簿记员，就会刺激金融创新，扩大交易范围，增加对商法的需求，导致创新等，无休无止。

功能领域——法律、科学、经济、教育、宗教和政治——的分离，倾向于强化其自身（Luhmann 1990）。一旦功能开始分离，动态（dynamics）就会启动，很难逆转，除非被征服或瓦解。它可以用很多方式来描述，因为它有许多方面：权力分离、法庭独立、自由市场及劳动的专业化和分工。其中，没有任何一个是完全正确的，并能够完全掌握进程的，然而这无须奇怪，因为功能分化可能是一个过度膨胀的概念。它试图把握西方社会变化的本质，一个系统变化过程导致了18世纪的启蒙运动和我们称为现代性的功能分化层次。出于同一理由，它也是一个高度抽象的概念，所以在经验上的表现可能是多样的。一旦各领域开始分离，功能分化就会取代其他分化形式。它能取代层级分化（hierarchical differentiation），基于中心—边缘的关系、全局观（overview）[①]的理想和由政治中心控制。它也能替代区隔分化（segmentary differentiation）[②]，描述沿着氏族、种族、扩大的家庭和部落的路线所构造的前现代社会的一种流行语（Luhmann 1990）。

在经验上，功能分化从来不会完结，这有两种含义：第一，功能系统似乎总在产生新的子系统。在科学中，新的学科每隔几年就

[①] 本译著根据作者对这一概念的解释，把"overview"翻译为"全局观"。作者认为"overview"与世界观没有直接关系，它更多地意味着有一种综合观点、全景观点和理解地域与共同体的志向，一种与控制意愿相连的意愿。这源自福柯和他的"数学化知识"（mathesis）观念。根据这种思想框架，现代主义国家创造了行政、知识形式（包括绘图、统计、计划等）。——译者注。

[②] 关于这个概念的含义，作者的进一步说明是，"区隔分化"来自卢曼，他区分了区隔分化、层级分化和功能分化，并用功能分化来标记现代性，然而现代性总是可追踪到其他的留存物，回到更加"原始"的分化形式的可能性，也可以在这里增加"组织分化"。

会看到曙光；在经济中，新的部门创造了新的商机。第二，它意味着没有社会仅仅是以一种方式分化。现代社会可能依赖功能分化来再生，把政治交给政治家，把法律交给律师，把商业交给商人。然而，层级分化和区隔分化的痕迹，几乎必然会存在。

卢曼修正了功能分化的观念，使之成为社会系统论的基石。同样，对他而言，在欧洲历史中，法律、经济、政治、科学和宗教等功能系统分化出来，并逐渐产生自治、稳定的差异与相互关系。然而，在他的交往社会系统中，自治和稳定化意味着自创生封闭和划分系统边界（Luhmann 1995）。对他而言，功能分化需要在每个系统内部形成特定的再生逻辑。这种逻辑建基于唯一观察程序的唯一运用以及根植于唯一的基本区分。每种功能内在地重构了整个世界，并基于基本区分的图式得以简化。例如，法律作为一个社会系统，并非人的集合或者组织，而是每一事物都归结到合法/非法区分的一种世界观（Blomley 2008；Luhmann 2004，Teubner 1988）。可以说，法律和其他功能系统产生了世界的内部建构，使它能够保持一种狭窄的聚焦，一种属于专业化角色的聚焦。

在社会系统论中，每个事物确实都在进化中改变。这首要是指，系统在自创生的再生中进化，意味着不同系统之间彼此相互的联系方式也是进化的。社会系统是自创生的，处在环境中的社会系统与其他社会系统的关系，总是取决于它们对其他系统的解释。社会系统不是与（with）彼此交往，而是仅仅关于（about）彼此交往。相互作用的唯一模式，以它们对实在的内在建构以及自身运行为基础。相互作用仍然可以采取多种形式，而且一个系统中的交往能引发另一系统的解释和变化。卢曼谈及了刺激（irritation）（Luhmann 2004）。间接反应是可能的，因为一定社会系统的环境变化，如由其他社会系统引起的变化，可能会导致该社会系统内部产生"刺激"。刺激可以是偶然或者更有规则地出现。关于社会系统间反复和连续的相互刺激，我们能提出结构耦合（structural couplings）。这些是决定不同社会系统之间联结的持续时间、质量、强度和制度化的特殊机制（Luhmann 2004；Teubner 1989）。由于这些结构耦合，一个系统中的事件（交往）作为对另一社会系统的刺激而起作用，并且在那里引发新的事件和交往。用卢曼的话来说（Luhmann 2004）："耦合机制被称作结构耦合，如果一个系统在持续的基础上预设了其环境的一定特征，并在结构上依赖这些特征。"

接近于每个功能系统的自我调控（self-steering）和自我变革（self-transformation）机制，系统之间的耦合模式为变化和可能的干预创造了空间（Beunen and Van Assche 2013）。这并不意味着政治可以在所有系统之间界定一套完美的耦合并且实现它们，而是说，几个系统产生与其他系统相耦合的想法，并用它们所知的作为现有的一套耦合来影响其他系统，无须确保其结果。还可补充说，组织、相互作用（社会系统的范畴），还有个体（作为社会系统环境中的心灵系统）能够间接地影响结构耦合的模式。

特别是法律、政治和经济相耦合的方式，可产生不同形式的体制、民主和市场，并为政策和计划留下不同空间。这一点重申了前面提出的一个观点：惟一民主和惟一市场并不存在。人们可以区分民主的一套模式，事后对不同进化路径的结果进行归类。然而，对市场和政体、"法则"以及不同模式（这些领域可以彼此稳定化或去稳定化）的多样性的简单观察，没有为应当体现进化的理想结果的统一模式留下空间。如果我们同意功能分化理论，就会为进化治理理论找到规范的构成要素：功能分化的一些形式具有进化的优势，一些功能系统的自创生封闭（autopoietic closure）形式，使专业化成为可能，使得社会作为一个整体在更多的事情上变得更好。

分化有优点，也有缺点。它通过创造复杂的内部模式，使应对环境的复杂性成为可能，并使专业化的相互作用（如商业交易）稳定化，但也体现了风险和不稳定性。政治失去其全局观和对社会的控制，其他功能系统对它的观察是部分不透明的，调控努力是部分不敏感的（Van Assche and Verschraegen 2008）。更有甚者，总是存在去分化（de-differentiation）的潜在危险：失去真正不同的观点及其相互作用这一优点。去分化不仅仅是倒退至进化的前一阶段。如果一种强有力的国家机器在功能分化的保护下发展，伴随着假定的权力、法庭、宗教和科学的分离，但实际上，以斯大林式体制掌管政权，由国家所释放的权力，比此前可能已经存在的乡村社会，潜在地更具破坏性。

第二节　组织分化

功能分化与组织分化相伴而行，并且得益于组织分化。这两种分化形式相互支撑，为彼此奠定基础。专业组织使功能分化更有可能，反之亦然（Luhmann 1995）。在中世纪的城市中，职业商人行会、手工业者行会、射箭协会、半宗教性的互助会、贝居安会院、修道院和其他组织极大地促进了专业化，并且使城市自我治理（self-governance）成为可能，同时促进了贸易和城市生活本身的扩张（Greif 2006）。

早期城市中的地方自我治理，以及后来的早期现代民族国家中的权力中心化，可以被视为功能分化和组织分化相结合的同一过程中不可或缺的一部分。中心化看起来与地方自我治理相对立，但是国家规模的扩展，新的基础设施网络，覆盖了广大领土的法律和政治体制的一致性，都扩大了交易的范围。反之，大多数民族国家意识到它们必须加强贸易，并在提高税收或干涉自由之前与城市协商。国际合作也与之类似，通过各国政府和组织共同促进一种世界社会（world society）的形成，在其中，民族和种族的界限在大多数功能系统的再生中被系统地忽略了（Stichweh 2000）。

运用于功能系统的东西也可以运用于组织：它们彼此是部分不透明的，并为其自身；具有区别于描述自身方式的再生逻辑（Seidl 2005）。组织产生自身及其环境的形象，包括竞争者、当事人和政治背景。这些形象总是不完备的。环境总是被内在地重构———一种由组织所做出的解释。自身也是这样，它自创生逻辑的确定本质不能通过组织得到完整的观察。从系统内观察一个系统，在逻辑上是不可能的。自我观察也依赖于系统根据自身部分不可见的程序所产生的形象。组织因此在总是局部的自我描述和永不可能完全充分的环境描述的指引下应对环境。环境及其自身行为都是不可预测的。

组织被嵌入几个功能系统。公司作为一种商业组织，可以把盈利作为其首要目标，并基于盈利/亏损处理信息，但是它的自创生本质是组织的本质而非经济功能系统的本质。它通过决策再生自身，这种决策—前提（decision-premises）结构是组织的历史结果，是在那种自创生中进化的自身与环境、目标和优先性、优势和劣势的形象（Seidl 2005）。做出决策是基于所描绘的自我形象，它与其他公司不同，包含一定的部门、人员、角色、程序、成员规则、晋升规则及成功和失败的衡量标准。换句话说，在决策中，很多观点、活动和社会系统都已经包含其中。在更细微的层面上，人们能观察到不同的部门和角色与不同的社会系统相结合。人力资源管理（HRM）可能有其教育的方面，研发（R&D）可以是半自治的，并且为其大部分策略而追求科学真理，而管理则涉及外部政治，谋职在本质上是内部政治。

为了理解进化中的治理，功能分化和组织分化是完全有用的概念。理解治理进化，是在真正意义上理解这种双重分化路径、功能系统之间结构耦合的结果模式以及组织之间的联系。组织体现并促进了功能系统的耦合。不同的法院系统（多套组织），包含陪审团、律师等角色，法官任命的不同程序（或多或少被政治化），律师事务所的不同专业化（例如关注财产权），体现了法律、政治和经济之间的不同耦合。并且，这些组织网络的存在，将会塑造功能分化的未来路径。

第三节　正式/非正式和失效的制度

治理发生在一个动态的世界中。新的语义在任何时候都能出现，削弱嵌入治理的叙事的合意性（desirability）、它们的可信性、行动者之间的信任以及对构造治理的对象的稳定性和价值的信任。各种各样的行动者在治理中能作为个体和组织而发挥作用。为了形成集体约束性决策，来协调各种行动者是困难的。如果我们接受治理在一个复杂和不稳定的世界中进化，包括行动者、专业和世界观的变化的结合，那么协调长期依赖的稳定规则是不可能的。作为协调机制，规则是持续地进化的，与社会中的其他变化相联系。

为了理解规则的作用，可以回到前面提到的制度观念。与制度经济学一致，我们把制度视为博弈规则、协调工具（Van Assche and Van Biesebroeck 2013；North 2005；Ostrom 1990）。博弈参与者可以是个体或组织，政府的和非政府的、营利性的和非营利性的。在治理中，协调对于达成集体决策很重要。这些决策产生指导正确决策的规则，怎样彼此相待的规则，在决策过程中包容和排斥行动者、专业、主题和理念的规则。集体决策也能产生改变这些规则的规则（Eggertsson 2005）。

民主对于改变规则的规则和变革的选项至关重要，因此需要分析这种协调形式。这看起来是合乎逻辑的，即包容更多的行动者和观念以及更多的治理实验，将只是增进对这些变革规则，而后是对民主形式不断重新定义的关注。当新的治理形式与曾被认为"民主的"治理形式明显不同时，焦虑容易在共同体中流行，这看似也合乎逻辑。人们也可能猜测，一些治理实验，包括公民参与的新形式，由于与现存变革（和代表）规则之间的关系没有被很好地考虑，而引发了担忧（Van Assche et al. 2011b）。

在本质上不稳定的治理环境中，所有规则都要接受仔细审查并都会引起争议，不稳定性的这种来源与已经提到的来源相结合：来自别处的可选择的看法、评价和意愿的渗入。我们可以把这一点与非正式性观念相结合。正式的协调机制由于被嵌入其中的非正式制度而产生效用，正式的和非正式的制度持续地重塑彼此（Van Assche et al. 2012，2013；Guha-Khasnobis et al. 2007；North 2005；Ellickson 1991）。不稳定性的每一来源因而能够影响正式的和非正式的制度。这些制度的相互作用，使得治理进化更加不可预测。如果变化着的叙述，例如削弱支撑正式规则的想象的吸引力，那么这些规则将会失去其掌控和协调的力量。如果治理中的权力斗争导致正式规则发生转换，感到权利被剥夺的群体可能开始不遵守新的规则或者妨碍规则制定过程。

正式的制度不仅被嵌入非正式性中，而且带有把它作为可协调选项的阴影。在我们看来，正式性是在有着几种协调选项的每一情形中再次做出选择或决策的结果。这种情形中，一个协调选项承担着使之成为正式性的普遍期望。正式与非正式的区分要标记每一个决策的发生。在现代国家，正式性通常是与国家、明文规定的规则及国家机构相关联的，但这并非绝对。在现代治理中，法律、政策，还有计划能够发挥正式制度的作用。

我们增加了第三种类型制度：失效的（dead）制度（Van Assche et al. 2012）。这些制度曾经被认为是正式的，它们仍然被记载于书中，但是于当前并无效力，因为它们不被认为是实际的协调选项；然而，它们记载于书中的事实，使其有可能复活。失效的制度是现代社会的产物，并且与治理进化相关，因为它们能回想起进化的前面阶段。它们不会让旧时代复活，但是能够回想起行动者之间失去的耦合、失去的对象，或者赋予现存对象以新的意义和影响，提起许多被遗忘的主体，等等。

正式的和非正式的制度的协同进化，在分析中不能被完全分开。正式制度的效果取决于目前的非正式制度和与之相关的其他方式。失效的制度，一旦在现代社会中随着牢固的记忆机制而积累，就会致使制度间的相互作用更加复杂（Van Assche et al. 2011a）。它们在进化治理中可以当作不稳定性的补充来源，还可以当作创造和实验，因而是适应（adaptation）的补充来源。在分析治理和思考政策建议时，我们不是单独地评估正式制度的结果，而是认为最好根据正式的、非正式的和可能失效的制度的构型（configurations）去思考，根据共同体中所设想的公共利益去评价这些构型的结果。应该说，这些构型的结果并非总是可见的，或直接可见，或完全可见。这是很有可能的，即外部观察者关注破坏了他们认为是法则的东西的特定非正式性，而忽视了非正式性在特定群体的经济生存中的有效性，或者在进一步提供公共物品中的有效性。例如，消防队员要求潜在的建筑商行贿，使用这些钱仅为做好自己的工作。

正式的、非正式的和失效的制度，形塑了治理进化并被其所形塑。它们的相互作用能产生稳定性和不稳定性、保守和创新。在结构上，变化总是可能的。变化可以来自协调的正式的和非正式的历史。在这些历史的每一点上，话语世界能够进入并重塑进化的过程。一种意识形态可能失去其光泽，一个共同体可能会痴迷于汽车，一个人使共同体相信：他是领导者，领导者是英雄，改变一些规则将会带来丰功伟绩。制度概念因而把关注指向进化的行动能力方面（agency-aspect），指向通过不同的参与者和规则改变而带来的治理改革的潜力。我们扩展了的制度概念，它受到制度经济学最新成果的启发，为思考路线（routes）创造了空间。通过这些路线，话语转换持续地改变着行动者的身份、治理明确和隐含的目标、规则的影响和进行中的策略化。它也使我们能够与社会系统论的激进建构主义观点及其功能与组织分化概念联系起来。

对我们来说，治理包含通过参与治理而能够成为行动者的个体和组织。行动者依据正式的、非正式的和失效的制度来协调决策。治理意味着采取决策，考虑到行动者的多元性和社会的持续变化，在行动者和制度构型中，关于现实、过去、现在和相望的（desirable）未来的很多不同的、甚至是变化的看法不断地介入。行动者和制度都在话语动态中，并通过它被再造。有时行动者会意识到这一点，大多数情况下不会。"事情总是像这样"，或许指涉一个三年的时代（an era of 3 years），超过它，社会记忆就不会延续。

就行动者是组织而言，我们认为它们是运作封闭的（Seidl 2005）。它们服从于系统理论，归结于它们的解释和再解释的不可避免性。每个组织唯一的再生逻辑，他们的自我形象，他们的决策程序，他们所认为的功能和支持者，因为成功与失败，将会激发他们在治理领域的策略化。这将会影响他们对行动者、制度和该领域本身的感知。治理作为政治，在其进化中通过政治和其他功能系统之间进化的特定耦合进一步被框定。治理中的行动者/制度构型，在协同进化中不能规避法律、经济和政治的结构耦合的支配构型。随着代议制民主的特定形式与法律系统和市场的特定组织相耦合，在一个共同体中，"参与"不能突然地消除几个世纪以来走向代议制的发展（Van Assche et al. 2011b）。下一章中我们称为治理路径的，就是由这种力量的结构化所框定的治理进化。

参考文献

Beunen, R. , & Van Assche, K. (2013). Contested delineations: Planning, law and the governance of protected areas. *Environment and Planning A*, 45 (6), 1285 – 1301.

Blomley, N. (2008). Enclosure, common right and the property of the the poor. *Social and Legal Studies*, 17 (3), 311 – 331.

Eggertsson, T. (2005). *Imperfect institutions: possibilities and limits of reform.* Ann Arbor: University of Michigan Press.

Ellickson, R. (1991). *Order without law. How neighbors settle disputes.* Cambridge: Harvard University Press.

Greif, A. (2006). *Institutions and the path to the modern economy: Lessons from medieval trade.* Cambridge: Cambridge University Press.

Guha-Khasnobis, B. , Kanbur, R. , & Ostrom, E. (Eds.). (2007). *Linking the formal and informal economy. Concepts and policies.* Oxford: Oxford University Press.

Luhmann, N. (1990). *Political theory in the welfare state.* Berlin: Mouton de Gruyter.

Luhmann, N. (1995). *Social systems.* Stanford: Stanford University Press.

Luhmann, N. (2004). *Law as a social system.* Oxford: Oxford University Press.

Luhmann, N. (2010). *Introduction to systems theory.* Cambridge: Polity.

North, D. C. (2005). *Understanding the process of economic change.* Princeton: Princeton University Press.

Ostrom, E. (1990). *Governing the commons: the evolution of institutions for collective action.* Cambridge: Cambridge University Press.

Seabright, P. (2010). *The company of strangers: a natural history of economic life.* Princeton: Princeton University Press.

Seidl, D. (2005). *Organizational identity and self-transformation. An autopoietic perspective.* Aldershot: Ashgate.

Stichweh, R. (2000). *Die weltgesellschaft. Soziologische analysen.* Frankfurt: Suhrkamp.

Teubner, G. (1989). How the law thinks: Towards a constructivist epistemology of law. *Law & Society Review*, 23 (5), 727 – 758.

Teubner, G. (Ed.). (1988). *Autopoietic Law: A new approach to law and society.* Berlin: Walter de Gruyter.

Van Assche, K., Beunen, R., & Duineveld, M. (2012). Formal/informal dialectics and the selftransformation of spatial planning systems: An exploration. *Administration & Society*, Online First.

Van Assche, K., Beunen, R., Jacobs, J., & Teampau, P. (2011a). Crossing trails in the marshes: rigidity and flexibility in the governance of the Danube Delta. *Journal of Environmental Planning and Management*, 54 (8), 997 – 1018.

Van Assche, K., Duineveld, M., Beunen, R., & Teampau, P. (2011b). Delineating locals: Transformations of knowledge/power and the governance of the Danube Delta. *Journal of Environmental Policy & Planning*, 13 (1), 1 – 21.

Van Assche, K., Shtaltovna, A., Hornidge, A. K. (2013). Visible and invisible informalities and institutional transformation. Lessons from transition countries: Georgia, Romania, Uzbekistan. In N. Hayoz & C. Giordano (Eds.), *Informality and post-socialist transition.* Frankfurt: Peter Lang.

Van Assche, K., & Van Biesebroeck, J. (2013). Governing the ice. Ice fishing villages on Lake Mille Lacs and he creation of environmental governance institutions. *Journal of Environmental Planning and Management*, *online first.*

Van Assche, K., & Verschraegen, G. (2008). The limits of planning: Niklas luhmann's systemstheory and the analysis of planning and planning ambitions. *Planning Theory*, 7 (3), 263 –283.

第三部分
进化治理理论的构成要素

第 四 章

进化路径

摘要：本章讨论治理路径概念和标记路径的依赖性形式。在治理进化中，依赖性形式产生刚性，但是为灵活性、路径创建留下了空间。

第一节 治理路径

在一个共同体中，特定的治理进化是通过路径概念所指涉的。我们在前面章节讨论要素和驱动力时，引入了这一概念。行动者、制度和专业在治理进化中协同进化（Van Assche et al. 2011；North 2005；Van Assche and Djanibekov 2012）。它们在治理进程中相互构形（form）并被构形。现在，我们增加了跨场域（sites）① 的治理路径和显示机制。场域是交往密度较高的地点和时机。这些场域指涉进行或准备决策的时间和地点，行动者之内或之间不同的集体行动进程在那里得到评估。机制是一个宽泛的概念，包含制度（作为协调机制）对象构形机制以及计策、或者影响博弈的个体行动者的策略。新行动者的加入能改变路径，将新的机制引入博弈，这反过

---

① 本译著把"sites"译成"场域"。作者对这个概念做了进一步说明：它是一个隐喻空间，正如拉丁文"locus"，或者简单地说，就是时间和空间，或者"场合"（occasion）。在英语中，也可以直接用拉丁文"locus"。所以可以说，对象形成了场域、决策场域、治理场域。——译者注。

来可能被其他行动者效仿。

现代社会中的治理是多层级治理（multi-level governance），这意味着，一个（较大的）共同体中存在几条路径。这些路径可以并行不悖，可以相互交织，也可能相互阻碍。一条路径中的进化，通过鼓励一致或者鼓励偏离，可以积极或消极地影响到其他路径，行动者能够参与几条路径，某些场域能为不同路径共享。例如，一场音乐会后的招待会可以有地方和地区政客、地区艺术委员会的成员及其主要合作赞助商参加，从而创造一个把不同路径结合起来的场域。

第二节 依赖性

治理路径中，行动者在被给定的制度构型中不能任意地改变治理进路。路径服从依赖性（dependencies）。我们区分了路径依赖、相互依赖和目标依赖（Shtaltovna et al. 2013；Van Assche et al. 2011）。

路径依赖是指影响治理进程的过去遗产（Van Assche et al. 2011；North 2005；参考：Callon 1991）。路径依赖概念首次在20世纪80年代的政治科学中以此名称被理论化（see North 2005 for an overview；also Eggertsson 1990, 2005；Avid 2007），而它所指涉的现象已经在人类学和历史学中得到观察和理论化（Claude Levi-Strauss, Mary Douglas, Edmund Leach, Fernand Braudel and others）。制度经济学和政策研究从政治科学中采纳了它（例如：Ostrom 1990；North 1990；Eggertsson 1990），最近城市规划也接受了这一观念（例如：Healey 2006）。

路径依赖的不同定义可以在文献中找到，所有定义都通过限定决策中的可用选项，指涉"历史起作用"（history matters）（North

2005；Whitehead 2002）。路径依赖是多种多样的，必须从经验上来区分。路径依存于一定的行动者（及其保守观点或策略）和一定的正式制度（阻止变化）的在场、非正式制度（以传统面目或方式应对正式制度）以及一些社会中的失效制度。后者可以被描述为消极的（passive）路径依赖关系，具有把路径拖回旧进路的能力，而不能精确复制该进路。路径依赖关系可以定位于正式制度与非正式制度之间以及行动者与制度之间的特殊辩证法。如果一定的正式规则是非正式地与共同体的身份相关联，它们很可能受到尊重，并在一定的方向上指导治理。如果一个新的联合行动者加入进来，在规则和（被拒绝的）身份之间的相同联系会激发明显地打破规则或者改变它的强大力量。此外，权力关系、合法化程序、组织的和宏大的文化，作为对情况的共同理解，都可以被视为影响治理路径的过去遗产（Foucault 2003；Scott 1998）。

相互依赖在第一种意义上是治理过程中行动者之间的相互依赖，不同制度之间的关系以及行动者与制度之间的关系也可以被概念化为相互依赖关系。治理路径中的每一步都受条件制约，不仅受先前步骤的制约，而且受到不断进化的行动者和制度模式的制约。一旦环境主义者进入地方性治理，商人制定策略必须考虑他们的在场。除了阻碍或者补充彼此的策略，与对被接受的公共物品的特殊贡献相关联，行动者总是会形成其他角色。地方环境主义者对当地商人来说是一种痛苦，但经过一段时间，一个清洁而绿色的环境可以被商会视为一种可接受的公共物品，部分是因为它带来了一些居民和游客，部分是因为它表明比所担心的开支要少。因而，城市委员会会议中的绿色派别被其他行动者期待发挥绿色作用。因此，相互依赖与行动者对自身目标的策略化，以及推进共同目标相关联。

在一个更大的尺度上，功能系统之间的耦合在治理中增加了相互依赖这一层级。下一个潜在步骤及其效果被功能系统之间的诸多结构耦合模式共同决定。在社会中，每个功能系统相对于其他功能系统的定位，影响着该系统中的交往取得效果的方式。在一个法律系统从属于政治系统的社会中，当一些政治行动者在他们的政治策略中违反法律，求助于法院可能是没有用的。如果市场十分自由，公民首先被看成财产权的拥有者，地方治理不大可能提出进一步提供一定公共物品的空间计划（Van Assche et al. 2013）。如果地方法律很轻易地就被地区法院叫停，地方治理可能朝着正式制度钝化和逐渐信赖非正式协调的方向发展。

最后，目标依赖是对未来的依赖，或者换句话说，共同的想象或计划影响着行动者/制度构型的变化。目标依赖可以与亚里士多德的目的因（causa finalis）、终极因的观念联系起来。这并不意味着，未来魔法般地决定了现在，毋宁说这隐含着共同的未来想象及其在制度（如计划和政策）、行动者和共同体的话语世界中的在场具有实际效果。不涉及想象（从具体计划到最模糊的希望）的影响，说明很多共同体中的行动者/制度构型的进化几乎是不可能的，不论行动者或共同体是否意识到它们。希望可以被解释为现实，想象能与现有情况相混淆，应该所是（what ought to be）遍布于何所是（what is）中。当政治不仅仅是协调时，当未来想象得以构形并转化成政策时，目标依赖变得特别相关。

每条治理路径在与路径依赖、相互依赖和目标依赖相结合时，将会是不同的和唯一的。每种依赖形式都可以被认为是治理路径的刚性方面，但它们的相互作用也会产生灵活性。如果我们回到前面介绍的一些概念，就能更好地理解它。行动者之间的相互依赖在大多数情况下是组织（用个体代表组织）之间的相互依赖，彼此并不完全透明，即使在没有运用计策的时候。这意味着，在实际的相互依赖和感知的相互依赖之间，在感知的相互依赖的不同方面之间，存在着差异。承认这种相互依赖的协调策略因而可能产生不可预期的效果。对行动者本身来说，路径依赖通常更难以捉摸，因为它包含着过去的形象、现在必须被建构的形象（Teampau and Van Assche 2007）。很多行动者没有意识到结构的路径依赖，那么在断定他们对路径的自主权时，将会基于关于自我和过去的不完整形象来操作。受路径依赖解释启发的行动，可能产生不可预料的效果，反过来会改变路径依赖模式。关于目标依赖，可以说不可预料的效果在这里是最重要的，因为从一种系统观点看，对待完全不可知的未来形象，以及把那种未来拉近的调控尝试，必定冲击到不透明的、不情愿从外部来调控的其他自创生系统。这里进入关于"施行"（implementation）的旧讨论，施行在官僚主义话语中经常被简化为政策制定或计划的最后一步，但在现实中，政策或计划本身并没有重塑实在的魔力（Beunen and Duineveld 2010；Pressman and Wildavsky 1979）。它只是在现有行动者将其融入未来的相互作用的情况下才具有效果，这些相互作用，将服从于现在无法预见的力量和解释。

第三节 路径创建

每一种依赖性在治理情境中的实现方式同时为其缓慢调整铺平道路。这三种依赖性相互作用，提高了不确定性层次和不可预料结果的重要性。目标依赖将会与路径依赖及相互依赖相互作用。进一步的目标只可能建立于行动者和制度相互依赖的网络，无法避免可能难以理解的路径依赖。相互依赖模式受到未来计划及其影响路径依赖方式的影响。路径依赖关系会影响计划的执行，但这些计划具有调整相互依赖模式的作用，有可能决定路径依赖的一些方面。行动者/制度构型的转换可以通过三种依赖性之间的相互作用得到说明，但并不完全。路径创建是可能的，部分是由内置于治理系统的偶然性空间和自由空间造成的结果。它部分地出现于依赖性之间的相互作用，那里总是存在不可预料的后果。理解依赖性和路径创建、刚性与灵活性，有助于理解调控、计划及其限制。行动者、制度和专业都可以对路径改变有所贡献，但每个都不是以分离的方式。

这就是说，相互依赖作为治理再生的基本条件时才会出现，路径依赖和目标依赖必须根据这一背景来理解。正是在行动者之间、在行动者和制度之间，以及在正式制度和非正式制度之间的必要的相互作用中，治理路径的每个步骤都被设定，使得路径依赖性获得实质内容，未来的想象对现在产生影响。

下一章要研究下述观点的意涵：关于治理路径及其依赖性对治理的主体和对象的建构、政策和计划对主体和对象的包容，以及这些新的正式内容的施行所产生的影响。

参考文献

Avid, A. P. (2007). Path dependence: A foundational concept for historical social science. *Cliometrica*, 1, 91-114.

Beunen, R., & Duineveld, M. (2010). Divergence and convergence in policy meanings of European environmental policies: The case of the birds and habitats directives. *International Planning Studies*, 15 (1), 321-333.

Callon, M. (1991). Techno-economic networks and irreversibility. In J. Law (Ed.), *A sociology of monsters: Essays on power, technology and domination* (pp. 132-165). London: Routledge.

Eggertsson, T. (1990). Economic behavior and institutions: *Principles of neo-institutional economics*. Cambridge: Cambridge University

Press.

Eggertsson, T. (2005). *Imperfect institutions: Possibilities and limits of reform.* Ann Arbor: University of Michigan Press.

Foucault, M. (2003). *Society must be defended: lectures at the College de France*, 1975 – 1976. London: Allen Lane The Penguin Press.

Healey, P. (2006). Transforming governance: Challenges of institutional adaptation and a new politics of space. *European Planning Studies*, 14 (3), 299 – 319.

North, D. C. (1990). *Institutions, institutional change and economic performance.* Cambridge: Cambridge University Press.

North, D. C. (2005). *Understanding the process of economic change.* Princeton: Princeton University Press.

Ostrom, E. (1990). *Governing the commons: The evolution of institutions for collective action.* Cambridge: Cambridge University Press.

Pressman, J. L., & Wildavsky, A. B. (1979). *Implementation: How great expectations in Washington are dashed in Oakland* (2d ed.). Berkeley: University of California Press.

Scott, J. C. (1998). *Seeing Like a state: How certain schemes to improve the human condition have failed.* New Haven: Yale University Press.

Shtaltovna, A., Van Assche, K., & Hornidge, A. K. (2013). Where did this debt come from? Organizational change, role ambiguity and development in rural Khorezm, Uzbekistan. *International Quarterly for Asian Studies. Internationales Asienforum*, 43 (3 – 4), 179 – 197.

Teampau, P., & Van Assche, K. (2007). Sulina, the dying city in a vital region. Social memory and nostalgia for the European future. *Ethnologia Balkanica*, 11 (1), 257 – 278.

Van Assche, K., Beunen, R., Duineveld, M., & de Jong, H. (2013). Co-evolutions of planning and design: Risks and benefits of design perspectives in planning systems. *Planning Theory*, 12 (2), 177 – 198.

Van Assche, K., Beunen, R., Jacobs, J., & Teampau, P. (2011). Crossing trails in the marshes: Rigidity and flexibility in the governance of the Danube Delta. *Journal of Environmental Planning and Management*, 54 (8), 997 – 1018.

Van Assche, K., & Djanibekov, N. (2012). Spatial planning as policy integration: The need for an evolutionary perspective. Lessons from Uzbekistan. *Land Use Policy*, 29 (1), 179 – 186.

Whitehead, L. (2002). *Democratization: Theory and Experience*. Oxford: Oxford Univeristy Press.

第 五 章

观察、制造和分配事物

摘要：本章研究治理路径中主体和对象的建构、政策和计划对主体和对象的包容，以及它们通过施行所产生的影响。施行被理解为一个过程，政策被认为协调权力/知识的临时建构，但持续受到其他权力/知识构型的影响。

第一节 对象构形和主体构形

治理路径中的行动者/制度构型产生很多东西。首先产生了行动者和制度（Van Assche et al. 2011；Foucault 1994）。在治理中，一些行动者得以构形，另一些行动者则参与其中。一些行动者在参与集体决策之前作为具有特定利益的组织或个体存在，另一些则不是这样。即便这些群体和个体对特定目标和主题感兴趣，但在加入治理之前也不能被视为"行动者"。一旦这些组织或个体作为行动者加入进来，他们在与其他行动者互动和制度构型中并由此来变革。在治理中，被构形的新行动者以多种方式出现：受到其他行动者的鼓动或者回应其他人的行动时，社会现存因素可以围绕一个共同目标而被整合。治理结果在社会环境中能够以积极或者消极的方式来观察，一些结果会参与到治理中。缺乏某些结果，能产生同样的效果。在治理中，行动者的内部讨论能够导致一部分产生疏离感，要么是行动者退出参与（进一步改变它），要么是这一部分分开来参与，于是产生新的行动者（Van Assche 2007；Van Assche et al. 2012）。

治理的产生力（productivity）比行动者的创造更重要。治理既能创造出主体，又可创造出对象（Van Assche et al. 2011；Duineveld and Van Assche 2011；Duineveld et al. 2013）。在治理中，行动者的产生和变革是伴随新身份产生的主体构形过程，它产生了新的主体性和关于世界的新观点。关于主体和对象创造的观点，使我们看到治理进化中起作用的更多话语机制，允许我们描绘更多的话语世界渗入不断变革的博弈路线。这种观点受到米歇尔·福柯早期和晚期工作的启发（Foucault 1966，1972，1980，1998，2006）。

如果我们把行动者看作治理中被变革的主体，更容易把握关于世界的想象、关于想望和不太想望的未来的想象之间的潜在联结。大多数情况下，行动者是群体，或是代表群体的个体或组织。这些行动者通过指涉目标来界定自身，但通常有着关于现存的、忧虑的和想望的世界的隐含观念，以及关于过去、现在和未来的隐含观念（Van Assche et al. 2012）。如果这些行动者被清晰地界定，并在进入治理之前配置了完善的叙事，这可能会对治理产生更大的影响，也无须回避治理对这些叙事本身的影响。如果它们是得到微弱或部分的发展，就存在着更大的机会使治理经验本身引导行动者的话语配置。在治理中，绿色政党不能止步于绿色，它必须形成关于世界其他方面的观点，绿色政党新的定位很可能代表了治理过程中的认同政治（identity politics），即绿色政党可能会强调他们与X政党的差异性和与Y政党的相似性。

可以更具体地说，在治理中显现（exposure）也能通过特定的主体性，把接受对象看得重要。主体性作为被建构的身份，能够把自身与特定的对象联系起来，以参与和/或对象成为身份和主体性一部分的方式（Delanty 2003）。人们能想到 20 世纪 70 年代的欧洲绿党与树，或者美国的新保守党与枪。对象可以是物理对象（的概念），例如树和枪，也可以是地点、群体、问题和主题，或抽象概念和嵌入的意识形态。在这些对象中，一些是治理本身的产物，另一些则加入进来并在治理中被变革。

对象和主体都是话语进化的产物，治理是具有高度话语产生力的领域：新的行动者在治理过程中构形，其他则进入其中并被重新界定。他们所打交道的对象可以进入其中并被改变，或者它们是过程本身的产物。治理能够在对象和主体之间创造新的联合，在一些情况下，重新界定主体性。

为了与前面章节中提出的术语保持一致，我们区分了对象与主体构形的路径、场域和机制（Duineveld and Van Assche 2011；Duineveld et al. 2013）。并非对象与主体构形的每条路径都属于治理的领域，但治理场域的确是对象与主体构形的场域。随着不同世界之间的持续冲突以及话语上对决策之需所施加的压力，治理路径是一系列场域的多产地。机制（或技术）有时自觉地、策略性地（作为策略的一部分）被行动者所应用，但在很多情形下，作为行动者与进化的行动者/制度构型之间相互作用的结果，它们无意与无形地发生。围绕新内阁为期两周的协商之后，每个政党都有所差异，对每一方来说，几个对象是新的或最近变得重要的。

在对象构形技术中，我们区分了具体化（reification）、固定化（solidification）和编码化（codification）（Duineveld et al. 2013）。具体化需要认识到对象是一个整体，从环境中分离出来，不只是各部分的松散组合。一棵树是可见的，而不是树枝和树叶；一片森林是可见的，而不是树的集合。固定化指涉的是概念内部联系的紧密化，一种对新兴话语对象逐渐清晰的描述。树枝和树叶被认为树的要素，作为相联系和必要的部分，可能还需要树根。编码化是对对象界限的简化，它要用代码的简单适用性来决定概念的包容/排斥。树枝上的鸟和树叶上的虫不被视为树的一部分，树林中的漫步者成为可讨论的问题。

作为有时分离、有时不易察觉的对象构形第二个阶段，我们可以谈论对象稳定化。作为对象稳定化的技术，我们区分了客观化（objectification）、自然化（naturalization）和制度化（institutionalization）。自然化是对对象是事物秩序和自然一部分的公众感知的强化。正是这一过程遮蔽了偶然性，模糊了事物可以有差异、对象能够以不同方式被建构的意识（Latour and Woolgar 1986）。"这当然是森林，它还能是别的什么？"——圣林、黑暗之地、种植林、混杂与野生之地、狩猎场。自然化是创造明显之物（the obvious）的氛围，把对象整合进不受质疑的常用物品库。因此，新对象的政策意涵倾向于在公共意识中潜行，倾向于变得更易接受。如果森林是生态系统，生态系统是脆弱的、重要的和有用的，那么保护似乎就是恰当的；如果森林是种植园，管理就是修剪和栽培的事情。

客观化完成了具体化过程。客观化是确认对象作为由科学方法确立的客观真理的一部分（Latour and Woolgar 1986）。尤其是在管理或其他治理领域，期待科学专业来减轻政治决策负担，这一步骤能够增强对象对治理的影响。如果在花田中看到一些鸟儿，它们可以被归入新的对象——"花鸟"。一旦科学家研究并计算这些鸟的数目，这种组合就成为非常好或不那么好的对象整体（Duineveld and Van Assche 2011）。制度化是对组织、政策和计划中的话语（包含其对象）的编码。如果花鸟这一问题被认识到而且情况并不乐观，它们会受到保护，花鸟区域的规划可能会更改，或许不会在脆弱的生态系统中进行居住开发。人们会注意到隐喻滑动：新的对象能够改变它所处环境的意义，这反过来具有新的政策意涵。

在治理中，没有建构是完全稳定的（Duineveld et al. 2013；参考：Mol 2002）。对象稳定化的技术从来不是完美的，总是可能遭遇到推动对象形塑或解构的策略。换言之，不可逆性的建构绝非完美。主体和对象的彻底建构本性，既不否认对象构形过程中物质环境的行动能力或限制作用（Duineveld and Van Assche 2011），又不与人类行动能力的作用相矛盾。它所透露的是：在进化治理中，对象和主体都被变革，这部分是策略的事，部分是参与者的控制和/或看法之外话语进化的事。行动者/制度构型产生无人能预料的效果，它包含对象构形。行动者/制度构型的再生由行动所驱动，这些行动由部分在治理中产生的话语世界来结构化。

第二节 界限

如果治理进化在话语上是产生性的，这可以作为对象和主体的产生来分析，由此区分构形机制。在更基本的层面上，我们可以研究作为对象和主体建构基础的界限建构。分析界限的构形、维持和变化，可以以不同方式来阐明治理中的对象和主体之间的关系及治理中的其他关系。

我们的认识论是建构主义，一种说明物质性、行动能力和物质性的行动能力（the agency of materiality）的建构主义，从实在的话语建构开始，然后重新整合非话语之物（the non-discursive）。这意味着，我们首先认为所有的界限都是概念界限（conceptual boundaries）。分别描述地点和社会身份的空间界限（spatial boundaries）和社会界限（social boundaries）可看作概念界限的特殊范畴（Van Assche et al. 2008）。概念界限描述对象和主体（社会身份），空间界限描述地点。描述过程可以从内部和外部开始。即可以从对差异的划界开始，它也可以从关系的明确化（crystallization）开始，然后被视为内部的和被描述的。可以首先把一棵树界定为不同于另一棵树，或者不同于其他种类；也可以通过逐步观察树根、树枝和树叶之间的关系而到达树的概念。树根后来可能成为树的一部分，作为对因内部关系出现的事物的一种外部描述补充。

并非所有的概念界限都是空间或社会的，因为不是所有的话语对象都是地点或主体，出于简单性原因，我们把余下的称为概念界限。概念的、社会的和空间的界限相互交织。就隐喻来说，它们的相似性作为界限，确保其他意义的持存。由于它们本质上都是话语建构，比表面上的有更多关联，比所讨论的编码化、自然化等过程之后所能想到的有更多关联。这意味着，它们比人们通常所想的更容易交织。意义也更易于从一个对象持存到另一个对象，并重绘一个界限。或者，创造对象之间新的关联，会导致对界限建构、然后是使对象建构产生影响。

空间界限是现存的社会界限的结果，它们可以引发新的社会界限，也可以引发新的概念界限的构形，或社会群体能够认同的对象的构形。然而，社会界限可以产生于空间界限、与其他社会身份的比较及与物质对象或实践的关联，也可以产生与对象、主体和空间的新关联（Van Assche et al. 2008；Elias and Scotson 1994）。只有当面对行为不同的其他群体时，一个种族才能够认识到自己是作为群体。只有当茶壶变得特别，并且其他群体开始有意地生产不同的茶壶，茶壶才是茶壶。来自西欧一个地区的人可能是凯尔特人，当这一地区变成法国，并且法国变得更加统一和被认可时，这些人可能就变成了法国人。他们能变成法国人，是作为强化认同政策的结果，是作为很多小共同体缓慢认同的结果，或者是因为所有外来者和一些地方群体（成为少数民族）称他们为法国人。认同或许是由政治中心强化的，或者是在空间和社会的界限存有争议的广阔地带从边缘上被主动提升（并重构）的。

在治理进化中，形塑界限概念对象的一个特殊范畴历史形象（images of history）或历史叙事。历史可以深化对象和主体，固化它们的界限，加强对象的稳定化过程，并使它们更多地成为自然秩序的一部分。"它一直都是这样。"如果这些主体成为治理中的行动者，治理中应用历史和重构历史可以强化或缓和行动者之间的对立。通过澄清身份，历史可以聚焦行动者的策略化，也可以把治理简化为认同政治并且阻挠相互理解或反身性的企图。所有这些努力看起来是无用的，如果行动者从这种假定出发，即完全懂得他们是什么和想要什么，以及历史的深度和连续性是他们坚信的证明。"这是我们所坚持的，因为这是我们所是，因为我们永远会这样，我们是其所是。"因此，历史形象允许重言式（tautologies），它使反身性更加困难，使重划治理中的对象和主体的界限更加困难，而重划是民主治理协商必不可少的一部分。因此，历史形象可以说固化了行动者的界限，这使得治理欠缺灵活性和适应性。

同样，历史即历史形象，作为概念对象，可以固化空间界限。就空间界限来说，管理和政治的结构（自治市、流域委员会、区域政府）的制度化通常与历史形象相结合，产生不再被反思的固定空间界限。当然，很多问题不会遵守这些空间界限，并且很多界限可能被不同地考虑和建构，即使仅仅在商议（deliberation）的情境中。

另外，在设计合适的政策和评估政策的影响时，作为历史形象和制度化结果的空间界限的固化、对相关偶然性特征的遗忘以及这些空间界限的渗透性，都可能成为问题。根据布鲁诺·拉托尔的观点，我们可以在界限固化之后谈论对象的黑箱化（Latour 1999）。政策、被嵌入的目标或政策的（空间的）影响常常被考虑到，结果测定是根据假定为中性的景观背景，在其中，空间界限的偶然特性以及与其他界限的交织是黑箱化的。物质流动和话语流动不遵守这些界限，但如果界限足够稳固，就会忘记这点。这种忘记意味着潜在的优越政策成为不可见的。如果一个城市地区，出于历史原因，被意识到并组织为 17 个村庄的集合，交通流量、商业发展和绿色基础设施很可能管理不好或规划不好，也不会以最有效和最有益的方式对遗产、保护和再发展进行投资。

物质世界在界限建构中肯定自身，只不过从不确定怎样和何时（参考：Eco 2000；Bryant 2011）。流域、生态系统、特定景观类型（试想沼泽、山地、沙漠）拥有界限，这影响了话语建构和人类行为，影响了话语流动和物质流动。人工景观（试想城市、微景观、工业流域和受污染区域，还有公园、高档社区）可以产生类似的影响，影响空间、社会和其他概念界限的形成。穷人止步于沼泽或受污染的区域，但沼泽同样可以吸引富裕的观鸟者，久而久之，他们会建立临近鹭群的聚居区。

不论怎样，对人以及社会系统来说，区分物理环境和话语环境是不可能的。所有的意义，无论是心理的还是社会的，都取决于外部世界即环境的内部建构。我们不能超越话语世界而具有操作性，即使我们在那种景观中肯定会撞墙，可以看到许多鸟撞到墙上。鸟、墙、景观以及与把墙指定为界限相关的一系列关系和推断，都是在话语上被描述的。后果之一就是人们无法在作为障碍（因此是界限）的物理环境与先前固化为障碍的话语活动的影响之间做出区分。它无法说明物理界限、社会系统及心理系统活动的结果之间的不同。

因此，我们要谈及经验界限（empirical boundaries），作为具有界限功能但并非源自观察主体或系统的内部语义学的界限。这些界限中的一些，与自然物理障碍和生态系统界限相关联，其他的则是人类活动被遗忘的结果或被遗忘的人类活动的结果。这些活动有时是结果，曾经存在于话语世界并被话语世界所构造，但它们被遗忘了，从话语中消失或外化。这些外化可能回过头来缠扰我们，并作为自然障碍，随后作为物理界限出现。例如，环境污染可能长期未被观察到，然而成为很多人类活动的障碍；它可能产生总是不能反思其起源的空间界限。很久之前，森林可以很干净，生态后果说明了将其界限强加于人类活动（和理解）的一种景观。换句话说，一个共同体经历到一种障碍，该障碍被意识到是一种物理的、自然的界限，但人们从未确切地说出，该障碍的起源是什么；与之相关的是，物质差异对话语的差异建构，因而是对象和界限建构的确切影响是什么（参考：Eco 2000）。

这些不同种类界限之间的共振与治理相关，行动者是受话语约束的主体，在个体（叙述的产物）和社会身份的意义上说，是在社会界限的基础上运作的。在大多数情况下，治理是一个地方或领域的治理，它通过空间界限、包含其他空间和社会对象的集体决策来描述。决策是关于事物的，地点、主题、问题，所有这些都由于治理过程中很可能会变革的概念界限而获得话语认同。空间的、社会的和历时的界限（地点、主体和历史形象），当它们没有争议时，能使治理路径固化；当它们受到争议时，会使路径更加难以预测，过程更加不稳定，治理简化为认同政治。

第三节 政策、知识/权力、施行

在进化治理中，很多事情会发生。对象和主体面临重新界定的持续压力，正式制度和非正式制度协同进化，行动者和制度同样如此。推论至此，有必要提出两个更关键的概念：知识和权力。与福柯一致，我们把权力界定为在任何地方和任一方向上出现并起作用的一组内在力量关系（Foucault 1998）。权力既不好也不坏，没有必要将其与个体和群体的行动、意愿和意向性联系起来。毋宁说，正是微观层面的力量之网使事物同时是可能的和可理解的，并允许在理解和权威的更高层次上集聚权力。因此，权力和知识是相互缠绕的（Flyvbjerg 1998）。在争取集体约束性决策、影响很多人生活的决策被制度化（例如政策、计划和法律的形成）的治理中，这是更加真实的。

治理过程中，权力和知识总是相互缠绕的。独立于产生它的权力关系之网的知识并不存在；反之亦然，独立于它所提出的世界观的权力也是不存在的。知识，那么就是由其他洞见及其与权力的交织方式使之为可能的洞见。它并不限于科学知识，相反，并没有赋予"地方性知识"特殊的认识论地位（Fischer 2000）。地方性知识、科学知识以及为管理部门并通过它提交的报告中明显政治化的知识形式，都与权力相互交织。它们都不能声称直达真理，也不能与权力关系相分离。这可以从几个层面来理解：没有知识形式能与组织、共同体、群体或使每种知识形式的生产结构化的一套主题、方法和问题相分离。这些观察导致提出了双重断言：直达实在和真理的途径并不存在，嵌入共同体、因而权力关系，不可避免。

治理既服务于又创造着行动者和对象。它也导致编进政策、计划和法律中的决策。这里把政策看作标准的编码，用计划代表第二级编码，把法律当作对法律功能系统的再解释（Luhmann 2004）。我们现在可以识别看待治理的另一个角度。治理是持续变化的政府和非政府的能动者（agents）网络，它随着权力/知识而策略化，也是政策的产物。行动者可以利用知识来强化他们自身的权力地位，同时使竞争对手的知识去合法化。这可以直接或间接地剥夺被公民所珍视的知识以及公民自身的权利。代表公民是代表理解世界，在这种意义上，也不能摆脱权力/知识构型。

如果我们根据福柯的观点，把知识理解为以对话方式产生于话语，这些话语进化、竞争和变革，并因为简单化的必然性为我们打开和封闭现实，那么我们可以把治理表述为反对简单化、还原复杂性或对未来共同体造成更大影响的世界模式的持续抗争。每种话语，每种关于实在一部分的观点，为我们创造了那种实在。但是，一种或另一种建构所隐含的选择，同时遮蔽了不同的建构及对对象和主体、背景和关系的不同描述。治理应用并产生话语，可以创造并维系社会现实，降低不同话语的可见性和发生的可能性。治理是一个话语竞争和变革的过程，部分是作为行动者策略的结果，部分是因为过程本身，支配性的行动者/制度构型唯一的再生逻辑。因此，治理路径是由公开或隐藏的冲突场域（sites of conflict）铺就的，权力/知识构型在冲突中并通过它变革得更加激烈。权力冲突产生冲突的实在形式，而实在、过去、现在或未来的不同形式能够引发权力冲突。政策作为治理的结果，可以解决冲突、冻结冲突并产生新的冲突。

政策现在是作为协调政府和非政府行动者的一种工具出现，不仅仅是假定的最终协调结果。治理从不止步，它作为话语之间的持续竞争从未导致一种能完全代表共同体的统一话语，并且以所有人都接受的方式解决关键问题。在恒常的嬗变中，面对其他权力/知识构型，政策作为协调知识和权力的临时概念结构而出现。

这种观点可用于研究政策的变化无常，从突现到应用：不同的权力/知识领域，在几个尺度上，如何使不断影响这些领域的政策具体化？政策进入一个领域，在不同的领域和阶段，甚至被同一行动者，以不同方式再解释和使用。政策总是到处被反对、忽视、再解释、再包装、忘记，有选择地被强化或执行，因为每个领域以及一个领域的每个时刻，都代表了一种不同的权力/知识环境、一套不同的对立和变革选项。因此，政策的"施行"是一个连续的再解释过程与分散和融合的过程、在新的话语环境中适应新的权力/知识构型、新的对象和主体以及新的协调规则（制度）的过程（Beunen and Duineveld 2010）。

这些洞见加入了对治理中不确定性和不可预测性的理解。它揭示了关于稳定性、共识、统一性、共有价值和目标的修辞，不仅难以企及，而且难以弄清它是什么：修辞能在治理的持续冲突中被使用和滥用。这同样可应用于透明性和真理的观念。科学作为承诺，更好地直通实在的知识，作为对存在于社会并假定要求答案的客观问题的更直接的回答，因此在治理中尤其易于被使用和滥用。它被用于解决无法解决的问题，回答没有答案的疑问，或者用可处理但是不同的问题来简化，并取代棘手的社会问题。

为了更好地把握治理中的专业及其承诺问题，我们将进一步考察叙事力量（power of stories）[①]。

[①] 关于"narration""narrative"和"story"三个词的含义，作者给出了更进一步说明。叙述（narration）是行动，叙事（narrative）是结构，故事（story）是叙事的日常用词，使用"叙事"更多地把故事置于理论语境。因此，除了把"power of stories"翻译为"叙事力量"之外，大多数情况下把"story"译成"故事"。作者还对"叙事"做了进一步解释："对EGT来说，与叙事理论相一致，叙事是话语的特殊形式，以特定的结构为标记，包括情节、主角、灌输的价值、高潮等。叙事是话语，但不是所有话语都是叙事；叙事包含概念，但不是所有概念都嵌入叙事。意识形态通常是一种叙事，构成其他叙事（治理中的权力/知识构型）的基础。"——译者注。

参考文献

Beunen, R., & Duineveld, M. (2010). Divergence and convergence in policy meanings of European environmental policies: the case of the birds and habitats directives. *International Planning Studies*, 15 (1), 321–333.

Bryant, L. R. (2011). *The democracy of objects*. Michigan: Open Humanities Press.

Delanty, G. (2003). *Community*. London: Routledge.

Duineveld, M., & Van Assche, K. (2011). The power of tulips: constructing nature and heritage in a contested landscape. *Journal of Environmental Policy and Planning*, 13 (2), 1–20.

Duineveld, M., Van Assche, K., & Beunen, R. (2013). Making things irreversible. Object stabilization in urban planning and design. *Geoforum*, 46, 16–24.

Eco, U. (2000). *Kant and the platypus: Essays on language and cognition*. New York: Harcourt Brace.

Elias, N., & Scotson, J. L. (1994). *The established and the outsiders: A sociological enquiry into community problems*. London: Sage.

Fischer, F. (2000). *Citizens, experts and the environment. The politics of local knowledge*. Durham: Duke University Press.

Flyvbjerg, B. (1998). *Rationality and power: Democracy in practice*. Chicago: University of Chicago Press.

Foucault, M. (1966). *Les mots et les choses*. Parijs: Gallimard.

Foucault, M. (1972). *The archaeology of knowledge and the discourse on language. New York: Pantheon Books.

Foucault, M. (1980). *Power/knowledge: Selected interviews and other writings*, 1972 – 1977. New York: Pantheon Books.

Foucault, M. (1994). The subject and power. In J. D. Faubion (Ed.), *Power. Essential works of foucault* 1954 – 1984. Volume 3. New York: The new press.

Foucault, M. (1998). *The will to knowledge. The history of sexuality: 1.* London: Penguin Books.

Foucault, M. (2006). *History of madness.* London and New York: Routledge.

Latour, B. (1999). *Pandora's hope: Essays on the reality of science studies.* London: Harvard University Press.

Latour, B., & Woolgar, S. (1986). *Laboratory life: The construction of scientific facts.* Princeton, N. J.: Princeton University Press.

Luhmann, N. (2004). *Law as a social system.* Oxford: Oxford University Press.

Mol, A. (2002). *The body multiple: Ontology in medical practice.* Durham: Duke University Press.

Van Assche, K., & L. (2007). Planning as/and/in context. Towards a new analysis of participatory planning. *METU JFA*, 27 (1), 110 – 119.

Van Assche, K., Bell, S., & Teampau, P. (2012). Traumatic natures in the swamp. Concepts of nature and participatory governance in the Danube delta. *Environmental Values*, 21 (2), 163 – 183.

Van Assche, K., Duineveld, M., Beunen, R., & Teampau, P. (2011). Delineating locals: Transformations of knowledge/power and the governance of the Danube delta. *Journal of Environmental Policy and Planning*, 13 (1), 1 – 21.

Van Assche, K., Teampau, P., Devlieger, P., & Sucio, C. (2008). Liquid boundaries in marginal marshes. Reconstructions of identity in the romanian Danube delta. *Studia Sociologia*, 39 (1), 115 – 138.

第 六 章

叙事力量

摘要：本章讨论话语结构的一种特殊形式、叙事及其效果。把隐喻和开放概念作为在叙事中效果被放大的概念来分析。从封闭到开放叙事，从主张用相似性来联结到主张用差异性来分离，这些效果各不相同。然后，把意识形态作为嵌入叙事来阐述。

第一节 叙事

对象、行动者和制度嵌入叙事，能带来更多稳定性和力量，这些叙事反过来可以被嵌入意识形态（Zizek 1989）。叙事为解释提供框架，可以把对象、行动者和制度以更加合适或更可理解的方式联结起来，并且产生对象、行动者和制度（Abu-Lughod 1992；Bal 1985；Sandercock 2003）。

叙事是一种概念结构，通过引入时间、空间和情感的秩序，使得话语材料更加真实和引人注目（Czarniawska 1998）。它是概念、主体、对象和事件的集合，清楚表达了标准和价值、事件和插曲、开端和高潮、英雄和反派、前景和背景。与列维·施特劳斯（Levi-Strauss）一致，我们说正是叙事结构在发挥作用（Lévi-Strauss 1968）。叙事所共有的正是那种结构，这就是能够明确说明叙事是具有与情绪控制、现实效果和娱乐类似效果的东西。正是结构，把它与其他话语形式区分开来。叙事形式在社会生活的任何方面（包括法律、科学和经济）（Austin 1962；Czarniawska 1998；Gabriel 2000；Mackenzie et al. 2007）都能被发现和使用。在那里，话语要么自身采取叙事形式，要么以其他叙事形式出现或吸收从叙事中获取其意义的概念。

叙事是包含其他话语结构并嵌入其中的话语结构。它们通过把结构应用于材料（以其他方式不太有兴趣和不太容易把握和传达的），而具有稳定化效果。它们由行事的行动者组成，在一个由事物组成的世界中运作。一种叙事被嵌入持续转变的话语环境，影响它的内容、结构和效果。在这种话语环境中，它可以与或不与其他话语/叙事中出现的价值、标准、概念特征和事件相联结。特定的叙事在共同体中被广泛接受、共享和传播的潜能，取决于这种话语环境的结构（Van Assche et al. 2012）。这种环境体现了叙事的变革潜能，通过话语联合（discourse coalitions）的形成，通过共享相似话语或叙事、重组或重占叙事或叙事片段的行动者的联合（参考：Hajer 1995）。

叙事作为有说服力的说明模型的吸引力，与其他话语结构相比，使之更有可能在治理情境之间流传。这种流传可以作为整体，或者在结构、内容的片段或两者的结合中实现。可以说，叙事要求并鼓励话语迁移（discursive migration）（Kooij et al. 2013）。在一个话语环境中，叙事的存在使之成为可能：体现在（包含在）叙事中的观察和理解模式向其他话语领域、主题、类型、功能系统、组织、团体和地点转移。特定叙事的稳定化效果，自然倾向于使其环境去稳定化，在此环境中，其他解释图式会受到这种叙事成功的影响。犹如倒下的多米诺骨牌，成功的叙事可以改变整个话语图景（Beunen et al. 2013；Rap 2006；Van Assche et al. 2012）。

自我和群体的叙事、群体和地点的叙事及地点和历史的叙事是相互交织的（Van Assche et al. 2008）。它们以唤起关于界限、对象、主体、地点和时间建构讨论的方式，相互交织。个体身份可能被视为生活史（包含其他人、地点和事件）的叙述（narration）和再叙述（Elias and Scotson 1994; Elliot and Du Gay 2009; Seidl 2005; Van Assche et al. 2009）。超出这种叙事，我们会迷失自我；同时，简单的自我描述可以被理解为稳定化虚构，它根植于包含了历史和环境的更复杂的叙事。人的确属于不同的群体，关于自我和群体的叙事常以错综复杂的方式缠绕。个体有时被归入多个群体或单个群体，但在大多数情况下，源自成员资格的身份叙事只服务于心理和社会生活中的特定场合与特定功能（Elliot and Du Gay 2009; Delanty 2003）。特定比喻、流行形象、传统主题和老生常谈，可以显示成员资格，也可以作为社会身份的标记并且在特定条件下显示其重要性，来发挥作用。

随着这种相互构成的进行，人们不应该期望自我、群体、地点和时间的叙事建构没有空隙，或者它们可以被添加到一个内聚的语义世界中。相反，心理秩序本身是竞争的叙事和松散的话语材料的旋涡，它只是明显地被稳定化，很大程度上归功于社会秩序。自我叙事确实服务于特定的功能，但这些功能对个体来说，并非总是清楚和被理解的。它们在功能的整齐排列中并不是简单地、彼此相邻地存在，一起组成平衡与健康的生命。而且，心理秩序和社会秩序的间隔，在形式和深度上总是会改变，从不会被叙述手段完全填充或修正。如果一个人花更多时间与其他人相处，就会发现个体与群体之间的隔阂总在那里，自我叙事从不会与群体（或作为共同体的地点）叙事相一致，即使在自我描述中，大量地指涉群体和地点。叙事可以被用来在内部世界和外部世界的分隔中创造内聚性，也可以被用来使存在于片段拼接中的间隔、裂缝和断裂不可见。

在治理中，叙事被期望是普遍的，并服务于很多目的。围绕隐喻之桌（metaphorical table）的是代表利益、主题、组织、群体及其自身的一些个体。把他们理解为代表某事或某人的行动者或利益相关者，对于治理理论当然富有成效，但不能忘记这些描述依赖于影响观察者和参与者的叙述图式。人们不应忘记桌边的每个人会根据叙事来了解自身、他人、治理情况、主题、对象和主体（Van Assche et al. 2011）。利益相关者从未真正知道与什么利益相关，利益相关者从未真正知道他们的角度是什么，代表了谁；同时，没有被指定为"行动者"、置身于治理之外的公民，从不知道是否、怎样、在哪方面、参照何种身份被代表。他们从不会知道在集体决策制定中是哪种不相容的叙事引导着生活，也不会知道通过"代表"他们的人以及在治理博弈的辩证混乱（dialectical maelstrom）中是如何在叙事上被变革的。

与对治理和话语性（discursivity）的分析一致，治理路径联结叙述、叙事重构及话语迁移和变革的场域。在治理中，新的叙事在相互适应中有意识或无意识地被产生出来。对自我、群体、他者和世界的理解，几乎必然地正在治理的高压环境中发生变革。在此环境中，这些理解与其他理解相冲突不可避免，并可能够直接地体验和观察什么是有说服力的（Van Assche et al. 2011）。

在治理中，嵌套叙事（nested narrative）的几个层面或话语语境的几个层级很有可能都相互利害攸关。这些层面相互影响，它们的界限也是在叙事、话语语境中被建构的，是可渗透的。关于过去的故事影响着现在，关于政治的叙事通常影响着特定治理境况中正确处理问题的形象，较大问题决定了对较小问题的看法，反之亦然。围绕一定对象、主体或问题的话语界限，可能比其他的话语界限更牢固，对于尺度和层次也是一样。关于美好生活的特定叙事，更容易对来自基层、一系列事例或真实生活境况的变化开放，尽管其他叙事通过说明那些被看作琐事的细节而使其牢固。因此，叙事的结构和内容影响着界限的牢固性，并随之影响话语迁移的潜能、影响与迁移相伴的理解之转移、共享和变革的潜能。

第二节　隐喻和开放概念

叙事是放大其要素影响的概念结构，作为产生话语迁移和共同理解（shared understanding）的结构。在治理中，需要特别注意两种特殊类型的概念：隐喻和开放概念（Bal 2002；Barnes and Duncan 1992；Eco 1976；Kooij et al. 2013；Beunen and Hagens 2009）。这些概念能扩大效果，并使迁移成为可能。它们的自身效果可以通过在叙事中使用而被放大，能迁移自身，使事物看起来比之前更相似或更不同，通过引入新的相似性和差异性，相应地改变感知和评价。正如叙事可以被嵌入其他叙事，开放概念和隐喻也可以被嵌入其他开放概念和隐喻。就隐喻而言，与乔治·莱考夫和马克·约翰逊一致，我们会谈到嵌套隐喻（nested metaphors）和根隐喻（root metaphors）（Lakoff and Johnson 1980）。

在古代修辞学中，隐喻经常简单地被表述为出现"好像"（as if）的类比（Aristotle 1954；Aristotle and Lucas 1972）。社会是身体（body），家庭是船。一些希腊和罗马的作者已经察觉到隐喻允许观点转换。它们使感知对象、人或情况的新特征，以及这些特征之间的新联系、一种新的对象统一体成为可能。我们可以谈论对象变革，界限重绘。一旦一种隐喻被采纳，并在共同体中传播，它倾向于被延伸。大脑是台计算机，心灵是台计算机，身体是台计算机，组织是台计算机，社会作为一个整体，可能是台计算机。随着隐喻的过度应用，基础比喻变得越来越弱，观点转变最小化了。很少有新的特征被发现，流行这一事实本身使得流行隐喻的新应用将会打开人们的眼界变得不太可能。

隐喻也能有后代，它们可以产生新的隐喻。一旦家庭是一条船，爸爸或妈妈可以是船长，财务问题可以是一场风暴，低税收可以是意外之财。如果大脑是台计算机，眼睛就是视觉传感器，视觉中枢就是显卡。隐喻的这种再生能力可以导致嵌套隐喻。嵌套可以有其他来源，有可能现存的几个隐喻在新观点的形成中变得相融。共同体可以是蜂窝，它的成员蜜蜂扮演一个角色，但蜂窝也可以在一片森林中。世界也可以是一片森林，生命在森林中寻求出路，建造适合居住的居所。社会可以通过根隐喻，即具有很长持续时间、高度抽象、与其他隐喻高度兼容的隐喻，来深刻和完全地标记。关于人、社会、上帝、知识、真理和价值的隐喻概念，易于成为根隐喻。它们是强有力的，因为未受检验（unexamined），也因为通过相融的隐喻渗透于很多话语世界。对根隐喻的这种理解，接近于福柯所谓的认知型（episteme），它是一种认知方式，标记时代和文明的一套解释图式（Foucault 1973）。它造成人是不是上帝、是不是上帝的奴隶、是否与上帝相似之间的区别，或上帝对于人来说是不是神秘的，特别是在宗教非常重要、功能分化还没充分发展以及上帝对于生活、知识与政策的组织很重要的共同体中。

隐喻是能够连接不同话语领域，并使一个领域的解释图式对另一领域可得和有用的方法。这能在某个领域中形成话语转变、类比的起点（社会是……），由于联结，它同时可以对隐含类比的另一端（……一个蜂窝）做出新的解释。社会作为蜂窝的隐喻，可以重聚注意力，并改变对蜂窝和社会的理解。正如在话语活动中一样，主体与对象是相互缠绕的，通过隐喻，对象的新缠绕从不会完全地被描绘，因为获得对对象新理解的主体不能从平衡中把自身拿掉，不能简单地从新的缠绕中推断其自身，假定主体这边没有变化。不同的话语领域之间形成的新联结，可以以不同的方式重构这些领域。它可以在一个大体上没有变化的对象中突出新的重点，例如，通过强调社会角色不可避免的特性。新的盲点同时被引入（蜂窝使人们忘记人可以改变角色，或造成功能紊乱）。隐喻可以导致与其他对象的新联系、新组合，而这些被新感知到的统一体能够取代旧的对象界限。全部对象会以这种方式被忘记。通过改变更大对象的内部结构，它们会被去除。如果家庭是一个组织而非一条船，就容易忘掉狂风暴雨与控制这些因素的不可能性。如果人是蜜蜂，社会是个蜂窝，人的特性会容易被忘掉。这在一套老隐喻中可以被强调——人是动物，这人是狼，那人是羊，另外一个人是蚂蚁。如果大脑是计算机，心灵可以被还原为大脑，这种隐喻的发展可能是通过一系列更广泛的隐喻转变而准备的，它允许我们让人脱离共同体、上帝，让身体脱离灵魂——忘掉所有的这些联系，并忘掉灵魂的观念，忘掉与我们的灵魂交往的上帝的观念。

　　隐喻通过联结语义领域而产生新的洞见，它们具有治理作用。如果隐喻改变、被使用，与其他隐喻相联结，产生新的隐喻，对象可能形成或消失，界限可能被重绘，叙事可能会失去或获得说服力，新的叙事可以被精心雕刻，始于新的隐喻及其产生的观点。由隐喻活动变化所导致的一套话语变化被称为隐喻滑动。隐喻滑动可以放大叙事效果，或使叙事黯然无光。它可以为了再检验而使现存的概念和叙事开放，并允许它们在政策讨论中发挥新的作用。它也可以关闭它们，封闭界限中尚存的裂缝，减小它们对解释的开放。对于社会角色的解释：如果社会是所有人都需要彼此的整体，且村落是一个大家庭，相互帮助就是责任，但仍有许多选择的自由。如果整体和家庭被一个蜂窝隐喻所代替，这种更机械的模型会忽视自由意志和自由。新的隐喻为治理带来新的解释图式，带来对象内部和对象之间的新的相似性和差异性。新的相似性可以塑造新的话语联结，新的差异性则可以打破它们，新的（非）相似性模式对形成和打破话语束缚具有自己高一层次的影响。一种不同的颜色或许使某物不是草莓，而颜色加形状、加味道或许使它成为新型石榴。

（非）相似性的这种重构也可以在第二种特殊类型的概念——开放概念（open concepts）中观察到（Kooij et al. 2013；Gunder and Hillier 2010）；开放概念也可以被嵌入叙事，通过叙事放大作用，并且一起流传；开放概念也有自身的迁移倾向并在远处转变话语构型（discursive configuration）①的倾向，但它与隐喻不同，由于被引入的解释图式或新的结构，不会形成观点转变和对象变革。更确切地说，开放概念以要求不断再解释的虚空性（emptiness）打开了地方性话语结构。开放概念看似模糊，但在治理再生中起到关键作用，人们可以想到诸如可持续性、空间质量、认同、创造性经济和创新等概念。通常，科学家和治理行动者同样都抱怨那种模糊特性，没有认识到开放性的重要性。与此同时，精确性印象不仅危害开放概念的积极功能，也遮蔽了开放性并允许不经检验地发挥功能。这些积极功能是什么呢？

在第一个层次，表面上的虚空性是丰富性（fullness）。正如

---

① 作者关于这一概念的补充说明是：在 EGT 中，我们谈到话语构型，作为一套相联接的话语，相互增强。在话语中，概念相联结，并在它们的实在效果中相互增强：每一个都似乎更加真实，因为它在话语中与之相联的话语中，与其他概念相联结。一些话语具有叙事的形式，它能更具说服力，而日常生活中的很多叙事，浸入不同的话语中，更具说服力，更加真实。——译者注。

一首朦胧诗会意味着许多东西,一首极其朦胧的诗也能意指许多事物,甚至一张写诗的白纸意味着一切。所以,模糊概念变得更模糊的时候意味着更多。当它们是虚空的时候,潜在地意味着一切。因此,话语丰富性的极限是虚空性,一种在场和不在场矛盾地共存的虚空性。例如,可持续性可以意味许多事情;缺乏精确的话语表达,使许多不同意义的共存成为可能(Gunder and Hillier 2010)。这种共存在治理境况中有许多优点:人们可以挑选,可以假装同意但每个人都选择了不同的意义,可以让讨论继续,通过隐藏在开放概念之后,通过掩饰差异,以避免硬对抗和治理可能的停滞不前。这节省了时间并保存了社会和政治资本。久而久之,权力/知识构型可以改变和揭示这种情况。开放概念容易迁移,因为它能够适应由话语顺利穿行造成的混合和变革(Bal 2002)。但它也发挥钉住(pinning down)倾向于朝不同方向移动的话语节点(knots)作用。根据拉康的术语,我们可以称为锚定点(point de capiton)(Lacan 1977)。一所带有绿色屋顶的新学校,一条较浅的沟渠,更多的树,一个关于地方创造性经济的故事,一个扶持当地农民的故事,一个维持共同体认同的故事,都可以在可持续性的旗帜下出于特定目的(一个计划、政策)凑在一起。钉住及其精确性,为了维持功能,必须部分是虚构的。准确性表象(因而话语封闭)必须是事实上的话语开放。例如,自大的建筑师断言:"无须谁告诉他什么是高品质建筑。"当他看到时就会明白,他的观念可能在职业生涯中改变一百次,但是他的自大、关于确定性和准确性的印象隐藏了让设计和发展的实践过程继续的开放性。

开放概念能够但不必然发挥主能指（master signifier）[①]的作用，它作为总体性、完整性和完备性的能指在实在中不可能存在，但却是可想望的（Stavrakakis 1999）。例如，这在由建筑师提出的关于新建筑的叙事中变得可见，该叙事将会强化地方的空间认同并修复共同体精神和团结。然而，统一的共同体必然是一个虚构，与这种虚构的共同体相联结的一个稳定和单一的空间认同是不可能的。但每个被启用的虚构都富有成效。共同体可以被认为主能指，在社会整体中所向往的统一体的基本比喻，它必须为治理的每个方面打下基础。为共同体而奋斗具有效果；在治理中，主能指的在场，可以产生争取共识的努力，否则就不会存在这种共识。它可以使政策和计划更加现实，但如果希望太高，也会使政策施行途中的真实颠簸不可见，因为它可能忽视必须在开放中被确认和应对的共同体的真实裂痕。

所以，开放概念起到各种话语结晶点及其再生促成者的作用（Asimakou 2009；Gunder and Hillier 2010；Jeffares 2007）。由于治理路径和节点是话语相遇、竞争和必须和解的标准场域，开放概念可能在这里发挥重要作用。它们能起到中间地带的作用，达成或伪装共识，提及但悬置目标。在使问题政治化、通过宏大叙事和差异来看待问题并变革它们的语境中，治理处理或大或小的问题。这种情况下，开放概念很容易进入主能指的角色。关于学校午餐的讨论，可以在关于共同体的讨论中终止；关于一棵树的讨论，可以授权为可持续性原则而斗争。治理向前看，它必须为共

[①] "主能指"概念源自拉康。作者进一步认为："我想说的主能指，是一个不能为真的大概念，它永远不会被确定（例如可持续性），但是它在交往和治理当中起作用，因为它允许各种行动者思考，或假装思考，他们是同类人，能够以协调一致的方式朝着同一个目标行动。齐泽克把它视为有效虚构的一种特殊形式。在目的在于改变社会的治理当中，包括关于未来的想象，主能指很有可能起作用，因为未来不可知，还因为关于未来的想象和叙事很可能被主能指（常常作为意识形态一部分）所充满。"——译者注。

同体处理多少可想望的未来的问题。在调和未来的不确定性和让它适应不断再生的现在这方面，开放概念被证明十分有用。如果我们完全服从于未来是不可知的观念，以及通过政策和计划不能调控共同体的观念，治理实际上是不可能的。面对不确定的未来，开放概念能够把握社会意愿。它允许美好未来的筹划，一种达到我们意愿的工具，即使这是不可能的。

此外，开放概念可以被视为有成效的虚构，在治理中无疑是必要的虚构。由于治理的多面化本质，很容易就能观察到开放概念的通用性和多方面的功能。即使在没有基本意见一致的时候，开放概念允许治理进程继续，允许行动者假装同意或承诺，并允许他们做出不会遵守的承诺。我们与齐泽克一道，也可以谈论否认（disavowal）（Zizek 2006）：我们可以更好地知道，但就像新引入的概念代表了一致意见，如果所有行动者继续，这个概念实际上可以产生一致意见。

第三节　意识形态

根据齐泽克的观点，我们并不将意识形态视为对客观实在的遮掩（veils），而是政治想象的话语基础结构（Zizek 1989）。意识形态是关于美好社会问题的叙事回答，是被嵌入的价值，是组织和参与的模式，是角色的分配，是靠近这种社会的知识形式。从这种观点看，意识形态是可能包含根隐喻和主能指的叙事。意识形态是可能产生很多其他叙事、隐喻和开放概念的叙事。意识形态可以描述一个话语王国，在其中，概念和叙事、对象和主体能够无须根本变革而流传。意识形态可以放大被嵌入的叙事和概念的影响，比起被嵌入的隐喻和开放概念，它们拥有更多开放和封闭其他叙事的权力。它们拥有联结和分离的权力，因为意识形态所表明的相似性和差异性，对各种话语世界以及社会产生更大的影响。

在治理和地方治理中，意识形态可以变革任何东西。如果新的意识形态形成，如果现存意识形态之间出现新的冲突，如果意识形态的界限出于某些原因而固化，这确实（literally）可以影响任何东西，乃至大部分地方治理安排中最微小的细节。对象可以通过意识形态的转变或冲突而被变革，正如隐喻、叙述和开放概念的运行能变革一样。每个事物都可以在新的视域中，在使权力/知识构型的重构成为必要的再政治化中出现，并推动新的和更多的策略化。那些以自然面目出现的东西看起来是偶然的，那些以共识主题的面目出现的东西表明是争论焦点。

在下一章我们要反思话语的实在效果，通过强调治理中的话语活动对建构实在的作用。概念、开放概念、隐喻、根概念、主能指、对象和主体对彼此都有影响，并对权力关系、经验作为实在的东西有着影响。世界是在话语上被建构的，治理对此有贡献，但这绝不意味着治理所提出的每种建构都会被相信，并对整个共同体具有实在效果。

参考文献

Abu-Lughod, L. (1992). *Writing women's worlds: Bedouin stories.* Berkeley: University of California Press.

Aristotle. (1954). *Aristotle: Rhetoric.* New York: Random House.

Aristotle & Lucas, D. W. (1972). Poetics (Repr. with corrections. ed.). Oxford: Clarendon Press.

Asimakou, T. (2009). *Innovation, knowledge and power in or-*

ganizations. Abingdon： Routledge.

Austin, J. L. (1962). *How to do things with words.* London： Clarendon Press.

Bal, M. (1985). *Narratology： Introduction to the theory of narrative.* Toronto： University of Toronto Press.

Bal, M. (2002). *Travelling concepts in the humanities： A rough guide.* Toronto： University of Toronto Press.

Barnes, T. J., & Duncan, J. S. (1992). *Writing worlds： Discourse, text and metaphor in the representation of landscape.* London： Routledge.

Beunen, R., & Hagens, J. E. (2009). The use of the concept of ecological networks in nature conservation policies and planning practices. *Landscape Research*, 34 (5), 563 – 580.

Beunen, R., Van Assche, K., & Duineveld, M. (2013). Performing failure in conservation policy： The implementation of European Union directives in the Netherlands. *Land Use Policy*, 31, 280 – 288.

Czarniawska, B. (1998). *A narrative approach to organization studies.* Thousand Oaks： Sage.

Delanty, G. (2003). *Community.* London： Routledge.

Eco, U. (1976). *A theory of semiotics.* Bloomington： Indiana University Press.

Elias, N., & Scotson, J. L. (1994). *The established and the outsiders： A sociological enquiry into community problems.* London： Sage.

Elliot, A., & Du Gay, P. (eds.). (2009). *Identity in a globalizing world.* London： Sage.

Foucault, M. (1973). *The order of things.* New York: Random House.

Gabriel, Y. (2000). *Storytelling in organizations. Facts, fictions, and fantasies.* Oxford: Oxford University Press.

Gunder, M., & Hillier, J. (2010). *Planning in ten words or less. A Lacanian entanglement with spatial planning.* Surrey: Ashgate.

Hajer, M. A. (1995). *The politics of environmental discourse: Ecological modernization and the policy process.* Oxford: Clarendon.

Jeffares, S. R. (2007). *Why public policy ideas catch on: Empty signifiers and flourishing neighbourhoods.* Birmingham: University of Birmingham.

Kooij, H., Van Assche, K., & Lagendijk, A. (2013). Open concepts as crystallization points and enablers of discursive configurations: The case of the innovation campus in the Nether-lands. *European Planning Studies*, Online First.

Lacan, J. (1977). *Écrits: A selection.* London: Tavistock Publications Limited.

Lakoff, G., & Johnson, M. (1980). *Metaphors we live by.* Chicago: University of Chicago Press.

Lévi-Strauss, C. (1968). *Structural anthropology.* London: Allen Lane.

MacKenzie, D., Muniesa, F., & Siu, L. (eds.). (2007). *Do economists make markets? On the performativity of economics.* Princeton: Princeton University Press.

Rap, E. (2006). The success of a policy model: Irrigation management transfer in Mexico. *Journal of Development Studies*, 42 (8), 1301–1324.

Sandercock, L. (2003). Out of the closet: The importance of stories and storytelling in planning practice. *Planning Theory and Practice*, 4, 11 – 28.

Seidl, D. (2005). *Organizational identity and self-transformation. An autopoietic perspective.* Aldershot: Ashgate.

Stavrakakis, Y. (1999). *Lacan and the political.* Abingdon: Routledge.

Van Assche, K., Beunen, R., & Duineveld, M. (2012). Performing failure and success: Dutch planning experiences. *Public Administration*, 90 (3), 567 – 581.

Van Assche, K., Devlieger, P., Teampau, P., & Verschraegen, G. (2009). Forgetting and remembering in the margins: Constructing past and future in the Romanian Danube Delta. *Memory Studies*, 2 (2), 211 – 234.

Van Assche, K., Duineveld, M., Beunen, R., & Teampau, P. (2011). Delineating locals: Transformations of knowledge/power and the governance of the Danube Delta. *Journal of Environmental Policy & Planning*, 13 (1), 1 – 21.

Van Assche, K., Teampau, P., Devlieger, P., & Sucio, C. (2008). Liquid boundaries in marginal marshes. Reconstructions of identity in the Romanian Danube Delta. *Studia Sociologia*, 39 (1), 115 – 138.

Zizek, S. (1989). *The sublime object of ideology.* London: Verso.

Zizek, S. (2006). *The parallax view.* Cambridge: MIT Press.

第七章

治理路径和实在效果

摘要：本章研究话语在治理中的实在效果和在政策中被编码的话语。我们区分了表演和操演，并承认话语语境的重要性。然后，通过例证两种特殊类型（声称成功和失败）的叙事，来探讨表演和操演。成功叙事和失败叙事对治理路径的影响得以检验。

第一节 表演和操演

操演（performativity）① 是社会世界话语建构和进化的一个本质特征。操演隐含着，由于先前话语的演进，事物变得真实（Butler 1997；Mackenzie et al. 2007）。尽管操演这一术语经常与

---

① 本译著把"performance""performativity""performative"三个词分别翻译为"表演""操演（性）"和"操演（性）的"。作者认为，"performative"是名词"performativity"的形容词形式，而不是名词"performance"的形容词形式。在中文语境中，"操演"与"表演"有何区别？"操演"可以简单地理解为受控制或约束的"表演"。关于"操演（性）"，作者的进一步解释是：操演（性）依赖于奥斯丁等人的路线，但通过晚期后结构主义得到重新解释，巴特勒和其他人这样做了。EGT 因此遵循操演（性）的后结构主义解释路线，这意味着它把后结构主义的各种洞见融入话语的实在效果。理论上存在着无数理由——为什么一些话语被解释成是真的，一些理由涉及实际行动或集体行动，因而在一些情况下，实在效果是说服效果，通过其他人的表演，使它看起来是真正在场的其他话语，一些事情看似真的。在另外的情况下，例如想一想政策、治理，话语能使事情发生，通过形成和运用制度（如政策）。因此，世界以那种方式改变，强化了话语总是真的这一观念，治理中的成功表演是强化操演性的另一因素。实在效果比这里描述的更加多样，但这是 EGT 的简明版本。

语言哲学家奥斯丁和他的言语行为理论（Austin 1962）相联系，它在由福柯、拉康和德勒兹所启发的后结构主义传统中引导自身发展（Beunen et al. 2013；Mackenzie et al. 2007；Van Assche et al. 2012b）。我们沿袭这一传统：在忘记、隐藏或掩饰现实之建构的、偶然的和暂时的本质这一意义上，我们的现实被不断地黑箱化（Latour 1987）。在此意义上，我们相信任何东西都是操演的结果，每件事都是被话语所建构的。这并不意味着话语的每一产物都是经验到的现实并成为操演的。人们能够识别谎言，区分虚构和非虚构。

甚至虚构也可以成为现实。试想，人们根据电影明星来塑造他们的行为，试图像小说或肥皂剧一样构造他们的生活，或者在广告所许诺的美好爱情生活将会变成真的希望中购买巧克力（参考：Dill 2009）。所以，即使当虚构/非虚构的区分很清楚，其界限也并非不可渗透。我们明白什么这并不奇怪：人们在叙事之外创造个体和群体认同，而叙事结构能够渗透进虚构体裁和非虚构体裁。由于结构的相似性和建构机制（任何东西都是话语）的相似性，叙事的结构和内容容易在虚构和非虚构之间、自我和群体之间移动，这些故事可以通过不同的媒介来传播。社会建构着虚构和非虚构、自我和故事之间的边界（borders），能够轻易地在一个感受真实、更简单的世界中运行。但这些边界是偶然的，并不断被跨越，因为同样的事情在边界的两边发生，同样的材料服从同样的过程。

人们可以观察到，叙事材料在体裁之间，在自我、群体和媒介之间来回跨越很多次。这种跨越并非单纯的行动，它潜在地影响很多人经验到的现实。于是，在这种跨越必然变革叙事或嵌入要素（如概念和隐喻）的意义上，共同体中的权力关系可以受到影响。这种跨越可以改变操演：未经检验的生活可以被转变并再现在肥皂剧中，随后成为很多人积极或消极的范型。肥皂剧的某些更具说服性的方面在真实生活中确实是可识别的，改编自真实生活，被变换、放大、戏剧化和浓缩。然后，它们被投射到观看的共同体，产生所暗示类型的实在效果。换句话说，特定虚构的操演差异可以通过被借用的非虚构要素的不同吸引力来说明，在其他情况下，附加的吸引力在虚构化中通过它被准确创造。

这些界限跨越可以被理解为操演的主要来源，但并非唯一来源。事实上，对操演的大多数解释强调其更简单的重复机制，正如上面提到的：事情表现为真实的，因为它们已经被暂时呈现为真实，并且未遭到质疑（Duineveld et al. 2013）。事情可以被重复，因为传统，因为熟悉原始史诗和共同文化，或者因为专家提议（Fischer 1990）。我们重提论述对象构形和稳定化的段落，以便详述在创造话语对象中发挥作用并使它们变得自然和明显的一套机制。

但即使产生了实在效果的不同机制确实在那里，它们通常不会自主运行，也不会总是具有相同的效果。就像乐谱或电影剧本一样，改变我们对事物理解的叙事力量主要取决于该叙事和表演（performance）被观察到的质量。一些故事比另一些更好，感觉更真实，某些故事具有更强烈的情感或认知冲击，或给人以它们揭示了关于人类境况更深刻东西的印象。这种揭示（revealing）同时是建构（constructing）。它所显现的东西不能与我们从前相信的东西和在观看或阅读之后相信的东西相分离。此外，它不能与它是怎样被显现的相分离。先存的实在和所揭示的实在是不同的，但这种揭示在事后变革了先前的版本。揭示的形式、内容和表演共同起作用。行动者可以为一些人呈现一种深层经验的本质，以其他人设计的颜色搭配方案来着装，说一些其他人写的言辞，但这正是具有揭示/变革效果（revealing/transformative effect）的全部场景。

表演可以被刻画为人们以唯一的具现方式把叙事带入生活，也可以被描述为叙事的解释和客观化的过程。这必定是一个在不同选项中选择的过程，也可能是创造新解释的过程。正如后结构主义者对世界的理解，每个事物都在话语上被建构，服从于表演。社会中的每个事物的真理效果（truth effects）①，取决于它的表演。在论及表演的文献中，广泛的社会实践已经被解构为表演：看到和记住，认同或批判和推测（Hubbard 2008；Mackenzie et al. 2007）。这更接近于政策研究，调控、控制、领导和治理被证明是表演场域（Avid 2007；Szerszynski et al. 2003；Bialasiewicz et al. 2007；Hajer 2005，2006；Rose 2002；Turnhout et al. 2010）。

举例来说，如果管理者扮演管理者，甚至是成功的管理者，管理行动的效果会更好。人们认为一些叙事、举止、行为类型与"管理者"有关，就会把自身朝此引导。管理者的领导表演可以包含大胆而简单的想象、自负、冒险、着装方式以及很多其他东西的形成（Czarniawska-Joerges 2008；Gabriel 2000）。管理者会意识到其中的一些特征，没有意识到另外一些。社会中有不同版本的"管理者"或"领导者"，所以表演和操演也相应地不同。一些管理者表演得令人信服，当然，不久以后，特定结果必须得到证明。但证明成功只是表演的一部分。当然，成功也能以偶然性的、对叙事变革很敏感的方式衡量。

使评价管理者的效果并把它与"纯粹表演"（mere perform-

---

① 这里的"truth"应当从认识论上来理解，因此译成"真理"。作者的进一步说明是，"真理效果"（truth effect）是指称话语对真理/实在建构所具有的效果的一个宽泛术语。话语可以加强或破坏其他话语的实在特征（经验作为实在），它可以直接地被看作实在本身；或者间接地，通过对它的其他反应，强化被感知实在的一些方面，它增强了话语本身的说服性特征。——译者注。

ance）相区分变得更加困难的，是各种表演相互隐含以及具有相互强化的表演效果。伴随着虚构控制和全局观，以及把个人意向（intention）归结为组织产生的结果，管理者的领导表演也是一种操控表演（performance of steering）（参考 Czarniawska-Joerges 2008）。它很可能与成功和创新的表演相联结，系统性地把事物呈现得比它们所是的更好和更新。人们也可以期望专业知识、管理专业的表演，一种自 20 世纪 50 年代的管理革命就具有强大实在效果的表演；在当时，一种管理技能能独立于情境和内容的虚构，一种变成了管理学院生计的虚构得以流传；在管理学院，管理者接受由大学批准的、因此主张另一种真理的教育。以前相互支持、相互叠加和具有操演效果的话语结构（discursive configuration），可以强化综合了领导者或管理者形象的表演的被嵌入方面。在现代社会，管理者的特征已经从领导神话中汲取了很多内容，而反过来，管理者也获得了旧的领导者形象的一些神话特征。

现代社会中，表演的真理效果可能通过包含在角色（如管理者）结构中而被催化。一旦真理与常规角色相结合，真诚姿态作为真实性表演就会成为多余。表演在真理建构中的重要性，把修辞语境（rhetorical context）摆到重要位置。它迫使人们对表演的定位性（positionality）进行反思：时间、地点、时机、观众、风格和角色，必须为了说服来正确地解释（Bourdieu 1991）。唯一具现的表演可以具有唯一的操演效果，那些在符号学和后结构主义早期、受语言学启发的形式中可能被遗忘的东西。我们总是观众中的一部分，汲取了舞台化和仪式化行为的一些形式，但那样并没有使它完全还原为仪式类型。

表演和操演不会必然地相互隐含，但彼此影响，有时相互隐含就在那里（Beunen et al. 2013）。这需要个人不能被视为他者的一种形式，他们的经验关系必须在各自的情况下确定。操演可以是策略性表演的结果,成为社会化造成的第二自然(second nature)[①]的表演结果,还可以是无声地嵌入话语的自然化概念的结果,跨越自我、群体与可识别的讲故事之间界限的叙事和概念的结果。

它取决于把利益攸关的问题嵌入其中的、更广泛的话语构型。在苏联(USSR),计划神话学被苏维埃意识形态所支持,很少需要证明这个或那个计划的实在效果(Taubman 1973;Van Assche et al. 2012a)。在治理中,叙事和嵌入的叙事不断地冲突和变换的地方,人们可以看到角色的表演,看到真理的策略性操控,以及被相信的真理的劝说性表达。人们也会注意到作为治理必要部分的叙事变化的各种意料之外的操演效果。一种新的叙事可以是操演性的,因而使被嵌入对象成为操演性的。一种新的叙事可以是操演性的,因为它适合更宽泛的话语构型。一种根深蒂固地被嵌入叙事的隐喻能产生新的操演效果,开启新的前景或创造新的对象,因为现存的嵌入和(或)表演。开放概念会更富成效,当它因其他叙事产生共鸣而生成意义的时候。

第二节 表演失败和成功

在治理中,一些表演和操演形式比其他的更重要。一个特殊的角色被指派给失败和成功的表演,特别是在期望责任(accountability)和重视成功的环境中(Van Assche et al. 2012b;Beunen et al. 2013;Vaara 2002;Rap 2006;Mosse 2005)。治理成功和失败

---

① 本译著把"second nature"译为"第二自然"。作者给出的进一步说明是:它的英语表达是,由学习或者获得、通过文化获得的东西,变成自然的、感觉如此的、其他人也开始这样认为的。EGT 援引了罗兰·巴特及其"偶然和潜在争论的东西自然化"的观念(参见他的神话学及后期著作)。——译者注。

的叙事包含反复的结构特征：英雄和反派、戏剧性的插曲、推动力和阻碍、高潮，刺激进一步行动（失败）或保持平衡（成功）。关于成功和失败的故事，是不断转变话语环境的一部分。其中，叙事可以与或不与其他话语中的标准、角色、故事情节和事件相联结。这种话语环境必须被理解为更宽泛的修辞语境、表演情境。

政策叙事几乎必定包含制度化的角色和话语，共同决定关于成功和失败的特定观点的潜在成功。在环境中，新的或式微的话语以及新的话语联合都对一个特殊的成功或失败叙事的说服性有贡献。对于成功的特定解释越占支配地位，它占据其他地位就变得越难，越有可能被制度化；反之，特定的制度越占优势，与之关联的叙事就越有可能是操演性的。

成功表演将因此而更成功，当叙事适合话语环境以及存在的是叙事而不是关于孤立对象的孤立表演的时候。在那种情形下，操演更有可能。这里的操演性，成功或失败的普遍化信念，可以来自多种资源，包括对专业知识、衡量工具和方法、辩论场域等的控制。成功的故事能固化对象、制度、专业，并解构其他。失败也是如此。它可以证明一些事情，正如成功的故事一样，但失败的证明使隐含的其他选择更加真实。反之，成功的故事倾向于使其他选择不可见，失败的故事为更好的选择展现或铺设道路。失败故事的破坏性潜能，可以依靠观察到的失败完全被释放。但是这相当于一个反对既定组织秩序和话语秩序（一种根深蒂固的权力/知识构型）的论证，或者它可以成为加强或复兴那种秩序的论证：还留下很多工作要做，让我们现在开始！在这种意义上，成功和失败的故事不是完全对称的。他们会有类似的保守效果，但对变革效果来说，人们必须首要地关注失败的故事。

从社会系统的观点看，成功和失败的修辞学表达了把一种观察者网络的叙事传播到另一种观察者网络的企图（Fuchs 2001）。

在治理内部，这些观察者网络通常是组织。组织能创造其他组织的归属，创造这种环境中它能识别的"行动者"。组织能够彼此应对，但内部发生的事情不能用观察系统的推理完全重构。对于外部观察者来说，一些不同的叙事可以彼此仿效，但不能假设叙事共享："跨越社会中观察者的差异的相似性是偶然的、不大可能的社会结果和成果，而非超验的先验（transcendental a priori）。"（Fuchs 2001：19）治理系统中协同进化的组织，在相邻组织中确实获得更多的洞见，每个组织的明确化角色可以减少完全理解其他组织的需要。

对成功或失败的成功修辞可以解释成由很多组织所共享的叙事。在治理系统中，这些组织成员之间重复的相互作用，使得叙事更易于传播。如果其他组织首先能够理解成功或失败的故事，然后把它嵌入决策，该叙事就成为共享的，成功或失败的故事在组织中就获得了一种功能。如果很多组织开始在关于成功的相同假设下操作，成功归因和基础话语构型对于更多人来说都变得更加真实，因此它们也变得更难以反思和改变。

因此，成功的故事能使治理路径固化，它通过保持根本的话语构型原封不动，通过保留行动者和制度的原有地位，通过激励新对象与旧秩序相一致。因成功表演来固化路径，也需要更系统地忘记不同选择、不同衡量方法、不同观点和不同意识形态。衡量成功的简单化有时导致了不同观点和政策选项的真正透明与比较，但由于意识形态选择早已倾向于一方，复杂性还原就更加可能。

量化和通约作为还原工具，在这里特别值得提及（Espeland and Stevens 1998；Scott 1998）。在这个过程中，行动者的行动及其结果被还原为一组数字和指标，这些数字是评价的基础（参考 Scott 1995；Jacobs 1961）。很多情况下，难以量化的行动未被评价，它们因此可能被边缘化。性质不同的行动和结果，可以在同一个集合中被还原为数字并做处理，好像它们是可比较的、可通约的。行动者或许会转而关注这些成功的指数，根本的实质性目标可能会脱离视线。然后，组织运行通过用于创造虚假透明性的工具而被变革。如果政府和更广义的治理，从私人部门中复制这一套假设（例如在新公共管理的旗帜下），那么被假设代表了和服务于共同体的决策是通过数字构造的，这些数字可能会遗漏很多在共同体中认为是重要的问题，也不会指明先前政策的许多积极效果和消极效果（Van Ark 2005）。

不论怎样，通约的例子也指明，由一定的测评方法所支撑的成功表演会由于那种关联而倒台。如果组织看到一套新的指数而把自身重新解释为成功的，开始更紧密地追随这些指数，使自身完全符合这些数字，从这一维度公开它们的表演，它们就会使自身依赖于数字和方法。通过与方法论紧密关联的方式创造成功，是一种新的失败的征兆。情况就是这样，人们不能完全控制方法，一次或再次，这些数字看起来会很糟糕。人们可以推断，成功表演能够固化组织（或治理安排）的进化路径，但是所应用的概念工具会导致失败——在这之后，可能会采用新的路径。

在治理中，人们会提到作为目标本身的透明性表演的有害效果和与透明性相关的成功与失败叙事的表演的有害效果。在一个从不透明的过程中关注创造新的透明性虚构，打乱了寻求共同物品（common goods）和解决共同体问题的企图。透明性的量化和相关测评的"堕落"，假定是反转概念，不仅仅在方法论上是可疑的，它也把注意力从特定治理过程的实质性目标上移走，从协商作为决策的真实透明性的潜在消极效果上移走，从"腐败"名下聚集的各种非正式制度的潜在积极效果中移走。同样，在政策成功与失败的情况下，表演和操演不会预设彼此。成功或失败的表演能使对政策的特定理解成为真实,也能使叙事成为可广泛接受的,但这不会自动发生。表演效果不能完全被决定,通过仅仅运用程式化的叙事、惯例、角色和仪式,它们看起来在特定时机保证了真理效果。

在下一章,我们后退一步并开始考察如此多的治理路径(分歧广泛的治理安排)的结果。无须低估路径的唯一性以及重构和理解路径的必要性,我们提出一种这些路径结果的分类方式。这为第九章"进化治理理论模型概观"开启了大门,重新阐述了这些关键概念间的关系。

参考文献

Austin, J. L. (1962). *How to do things with words*. London: Clarendon Press.

Avid, A. P. (2007). *Path dependence: a foundational concept for historical social science. Cliometrica*, 1, 91–114.

Beunen, R., Van Assche, K., & Duineveld, M. (2013). Performing failure in conservation policy: The implementation of European Union directives in the Netherlands. *Land Use Policy*, 31, 280–288.

Bialasiewicz, L., Campbell, D., Elden, S., Graham, S., Jeffrey, A., & Williams, A. J. (2007). Performing security: The imaginative geographies of current US strategy. *Political Geography*, 26(4), 405–422.

Bourdieu, P. (1991). *Language and symbolic power*. Cambridge: Polity.

Burawoy, M. (2001). Transition without transformation: Russia's involuntary road to capitalism. *East European Politics and Societies*, 15

(2), 269-290.

Butler, J. (1997). *Excitable speech: a politics of the performative*. New York: Routledge.

Czarniawska-Joerges, B. (2008). *A theory of organizing*. Cheltenham: Edward Elgar.

Dill, K. E. (2009). *How fantasy becomes reality: seeing through media influence*. Oxford: Oxford University Press.

Duineveld, M., Van Assche, K., & Beunen, R. (2013). Making things irreversible. Object stabilization in urban planning and design. *Geoforum*, 46, 16-24.

Espeland, W. N., & Stevens, M. L. (1998). Commensuration as a social process. *Annual Review of Sociology*, 24, 313-343.

Fischer, F. (1990). *Technocracy and the politics of expertise*. Newbury Park: Sage Publications.

Fuchs, S. (2001). *Against essentialism: a theory of culture and society*. Cambridge: Harvard University Press.

Gabriel, Y. (2000). *Storytelling in organizations. facts, fictions, and fantasies*. Oxford: Oxford University Press.

Hajer, M. (2005). Rebuilding ground zero. The politics of performance. *Planning Theory and Practice*, 6, 445-464.

Hajer, M. A. (2006). The living institutions of the EU: Analysing governance as performance. *Perspectives on European Politics and Society*, 7 (1), 41-55.

Hubbard, P. (2008). Here, there, everywhere: The ubiquitous geographies of heteronormativity. *Geography Compass*, 2 (3), 640-658.

Jacobs, J. (1961). *Death and life of great American cities*. Harmondsworth: Penguin.

Latour, B. (1987). *Science in action. How to follow scientists and engineers through society.* Cambridge: Harvard University Press.

MacKenzie, D., Muniesa, F., & Siu, L. (eds.). (2007). *Do economists make markets?: On the performativity of economics.* Princeton: Princeton University Press.

Mosse, D. (2005). *Cultivating development: an ethnography of aid policy and practice.* London: Pluto Press.

Rap, E. (2006). The success of a policy model: Irrigation management transfer in Mexico. *Journal of Development Studies*, 42 (8), 1301–1324.

Rose, M. (2002). The seductions of resistance: power, politics, and a performative style of systems. Environment and Planning D: *Society and Space*, 20, 383–400.

Scott, J. C. (1995). State Simplifications: Nature, space and people. *The Journal of PoliticalPhilosophy*, 3 (3), 191–233.

Scott, J. C. (1998). *Seeing like a state: How certain schemes to improve the human condition have failed.* New Haven: Yale University Press.

Szerszynski, B., Heim, W., & Waterton, C. (2003). *Nature performed: environment, culture and performance.* Oxford: Blackwell Publishing.

Taubman, W. (1973). *Governing soviet cities. Bureaucratic politics and urban development in the USSR.* New York: Praeger.

Turnhout, E., Bommel, S., & van Aarts, N. (2010). How participation creates citizens: Participatory governance as performative practice. *Ecology and Society*, 15 (4), 26.

Vaara, E. (2002). On the discursive construction of success/failure in narratives of post-merger integration. *Organization Studies*, 23 (2), 211-248.

Van Ark, R. G. H. (2005). *Planning, contract en commitment: naar een relationeel perspectief op gebiedscontracten in de ruimtelijke planning*. Delft: Eburon.

Van Assche, K., Beunen, R., & Duineveld, M. (2012a). Performing failure and success: Dutch planning experiences. *Public Administration*, 90 (3), 567-581.

Van Assche, K., Salukvadze, J., & Duineveld, M. (2012b). Speed, vitality and innovation in the reinvention of georgian planning aspects of integration and role formation. *European Planning Studies*, 20 (6), 999-1015.

第四部分

应用进化治理理论

第 八 章

治理及其分类

摘要：本章详细阐述进化之后的情形，并提出一个分析世界的框架。在这个世界中，很多治理路径产生了各不相同的治理安排。理解治理安排的运行需要路径重建。这种重建可以由对产生结果的安排进行分类提供帮助。我们提出两种分类方式：一种是大尺度的，区分治理模式；一种是小尺度的，区分治理维度。

第一节 治理模式

随着时间推移，大量治理模式已经在不同地域进化，且处在持续的变化过程中。不同的治理路径引向不同的方向，尽管与此同时在世界社会（world society）中存在着起作用的聚集力量：功能分化、叙事传播以及被嵌入的对象（Luhmann 2012；Stichweh 2000）。从前面的几章可以推出没有完美无缺的治理模式，即完全合法的、有效的和稳定的。不稳定性的来源多种多样，这早已讨论过了：在与其他构型相冲突中变革的权力/知识构型，类似自我变革的行动者/制度构型，导致创造新的叙事或重新解释其他叙事的社会转型，从与旧的或新的叙事相联系中站出来的新行动者，或者将引起治理转变并变革自身的行动者。行动者/制度构型同时是稳定性的来源。正是这种稳定化功能，使社会的进化朝向可能更大的复杂性（Greif

2006）。这种稳定化功能是功能分化的前提条件（Luhmann 1990）。不仅行动者而且制度都被相信是稳定的，这种富有成效的虚构，允许互动的扩散，并使专业化成为可能的结构构形。

作为稳定化和去稳定化功能的结果，进化并不是混沌的，创造和适应是可能的（Luhmann 1989，1990）。这意味着很多进化路径的结果确实表明了可以归类。很多市场形式和民主模式彼此相继地持续运行，仍然有可能看到一些形式和模式的家族相似性。如果从更小的尺度来看，也能区分彼此之间或多或少相似的不同治理模式。理解治理需要理解并重建治理路径和相关机制。对这些不同路径的结果进行归类，可以帮助解释重构，也为理解治理安排的特定特征提供了简易方法。

从政治科学文献中，我们采纳了一种民主模式分类，它区分了自由民主、社会民主/社会主义、公民共和主义、民间社会和社群主义（参考：Putman 1993；Young 2000；Fischer 2000；Goodin 2008；Guinier 1994；Held 1996；Holmes 1995）。这些民主模式是缓慢和大尺度治理进化的结果类型。其他分类也是可能的，但这种分类适用于我们当前的目的。它概括了大量的政治理论，并且可以根据长期治理路径和功能分化得到很好的解释。这些模式就像其他理论建构一样，源自经验现实，在理论中变革，在实在中回归。在此情况下，这种实在是一种政治实践，它基于具有理论来源的概念的流行形式，部分地界定并变革自身。这五种模式被视为民主形式，即代表了由一些功能分化层次所标志的成熟政体。在经验上，大多数政体有着这些模式的几个特征，因为历史有几条线索，而且治理包含竞争的话语，包括关于治理的，但在很多情况下，一种模式在特定的时间点、特定的地域中占据主导地位。

自由民主是基于共同体作为个人集合这种自我理解的政治体制。因此，共同体被认为是一个弱概念，个人自治倾向于比对彼此或对整个共同体的责任和义务更重要。个人首先是权利的拥有者，政府确保这些权利受到尊重。因此，政府不太关注集体决策，而是更重视冲突仲裁以及制定规则（North et al. 2009）。如果存在一场旨在斡旋其他种类的集体约束性决策的自觉努力，公共物品很少被调用，该问题被作为偏好聚集问题来对待。在这种观点中，国家很容易与社会相异化，个人必须被捍卫来与之抗衡。治理容易两极化为，国家干预要么太多，要么太少；或者两极化为，要么是自由主义者幻想的完全地方自我治理，要么是国家压迫。税收容易以不公平和压迫性的面貌出现，因为它可以用于的共同物品常被认为不是这么回事。在投票产生的代表性是治理的首要机制这种意义上，这种模式的公民参与比较弱，然而这可以与在宁可被共同体其余部分和更高层级政治放任不管的地方共同体中的极度参与相结合。

在盎格鲁-撒克逊人的文献中，自由民主模式被描述为"惟一民主"，真正民主的唯一形式，与"惟一"市场相耦合的唯一正确的和有效的形式。事实上，政治自由公民是参与到市场交易中的理想公民，其自由是以他们想要的任何方式来做此事的自由。个体和市场愿意放松监管，因为如果放任不管它们都能根据各自的本质发展很好。经济发展发生在这种境况中，宽松管制使交易简便，同样的宽松为实验和产品创新创造空间。它也创造交易形式、融资方案和组织形式的创新。这种模式中的"惟一市场"假定独立于社会其他部分及其自身历史。它只是一个免受干预的空间，一个理想的虚无空间，因而在任何地方都是相同的。

社会民主/社会主义体制对历史和共同体有着不同的理解。在社会主义体制中，马克思的历史解释看到了通向革命的进步，此后受压迫的工人能够解放自身并建立社会主义体制。在这之后历史停止了，与自由民主一样，稳定的国家接踵而至。在马克思主义的意义上，意识形态在革命之前是蒙蔽受压迫阶级的东西，使人们忘记现实本质的叙事，即经济关系和他们在其中的从属地位。尽管受压迫的人需要帮助，一些受启蒙的工人/知识分子可以指导他们，告诉他们自己想不到的真理，并帮助他们组建一个所有人都获得解放的社会。作为集体成员的平等是一种核心价值，彻底的民主被认为与对个人的集体模塑是可兼容的。集体可以对个人表明什么对他是好的，他对集体的最大贡献是什么。集体在最著名的共产主义实验（苏联）中的事实上被国家所取代，国家后面的权力是政党，有其内部精英的精英。

于是，国家代表人民，规定必须实现的共同目标。治理主要是协调不同政府行动者的治理。法律、政治和经济不是高度分化的，政府看到了前进的道路，通往共产主义的道路，必须调动所需的经济资源。法律服务于规制进步，社会朝着共产主义方向进化，但由于政府知道路径，不需要独立的司法机关。法律系统的独立和自主的市场被认为威胁发展，可能使进化退回到资产阶级个人主义。

社会民主将社会主义体制的特征与其他模式（通常是自由民主）的一些特征相结合。公民被赋予权利，而且在治理中不会过多地参与，但政府实质上主要考虑对能够切实带来一定公共物品的政策和计划的说明。这些想象不是把共产主义社会作为乌托邦时间终点的那种，它们将随时间而改变，但政府牵涉到产生这种想象（各种各样的集体物品可以嵌入其中）。大多数情况下，政府也牵涉到实现这些想象，这必定需要大量官僚和/或庞大预算为行政机构雇用"自由"市场参与者，他们在实现过程中能提供专业知识和其他服务。预算意味着税收。只要共同体以类似政府的方式看待公共物品，并且体验到所选政策是在那个方向上合适的操作方法，税收和政府干预作为共享叙事的结果就会被发现是可接受的。

民间社会体制把社会视为组织的集合，而不是集体或个人的集合。和自由民主一样，这是一个"小政府"模式，个人的代表性通过一种不同的中介（这种情形是组织）产生。组织决策的内部选择性以及在几个组织中的成员资格，被期望具有公平代表体中所有人和所有观点的总体效果。政府只是一张小办公桌，组织在那里接触，它们寻求影响规则制定，为法律、政策和计划的修改不仅有益于自身而且有益于共同体进行辩护。民间社会的不同变种强调营利组织（商业）或非营利组织是重要的参与者。学术文献中的大多数支持者强调与这些自愿协会的高水平游说相结合的自组织的积极作用。但他们似乎没有察觉到，他们所倡导的模式与所谴责的模式在结构上是相同的，大型商业会私下里与政府接触。一旦这种治理的协调形式被确立，非营利组织知道协调方法，就没有理由假定商业会找不到办法。

然而，前面所做出的论证，治理中的绝对透明性是不可能的，并且以绝对透明性为自身目标的努力会具有各种令人不满的副作用，我们想要辩护民间社会是极其不透明的。政府这张小桌子，每次只有几个人聚集在旁，并且是坐在关起门的小屋里。游说讨论取代了在其他治理场域中的议会辩论或其他形式的公众辩论。不可能知道到底是谁与政府官员打交道，谁被排除在外，以及哪些商议标准被用来决定规则的制定。参与首先是组织参与，但这种参与是不规则的。如果这种参与机制取代或破坏了其他代表形式，无须共同体意识到这一点，社会中的权力分配和权力利益可能就会改变。因此，这种模式在结构上减少透明性，这具有消极的负面效果，就像源自迷恋透明性的负面效果一样有害。负面效果会使缓慢进化的功能分化受到破坏。当特定利益被赋予不同的法律和政治待遇时，会危及与法律和经济相对的政治独立。

社群主义体制把社会理解为小共同体的集合。在一些形式中，超越村庄或小城镇层次的社会在眼界中消失，村庄就是世界。个人首先是这些共同体的成员，在那个层次上，政府能够发挥实质作用。更高层次的政府是最小的，一种潜在的十分不同和相互竞争的共同体的最小协调形式。社会生活发生在小尺度上，发生在一个社会网络密集的小共同体中，一个强加秩序和传统，又提供相互支持网络的共同体。义务与自由相伴。个人选择被共同体的话语世界所形塑和限制，其行动者/网络构型通常在非正式制度中大量存在，而权力/知识构型通常涉及地方精英和领导者（牧师、首领、市长、长者、领导家庭）。

社群主义体制容易在乌托邦和恶托邦之间转换。小城镇生活的二元性在美国流行文化中已经得以辨识，每部电影怀旧般地美化邻居烤的苹果派，也有部电影毫不客气地展现了邻居强加其价值的持续干涉。在美国文化中，这种模糊性通过对被作为美国人生活根本的自我再造（self-reinvention）的广泛赞同所强化。小城镇生活的社群主义理想在美国难以立足，是由于有强加于居民的规则和角色、适应被接受角色的压力和选择不同身份的阻碍。成长常常令人感动。通常，可以谈到内在压抑和外在敌意的潜能。世界可以很小，内部构造严格，未知的外部看上去对根深蒂固的价值是陌生的、不同的和冒犯性的。共同体的封闭特性不会增强反身性和创新。在一个小地方看起来真实的东西容易消散在关于更大世界的看法中，这可以是远离更大的世界的理由，或者是对这个世界的相邻部分感到失望的理由。

根据分化观点，可以说社群主义社会体现了一种破坏功能分化的危险。它可能使社会退回到一种不太发达的状态，一种村庄集合，缺乏很多交往，没有融入一个使科学、法律、政治、艺术的专门话语成为可能的世界，没有融入一个权力分离以及教会、国家和市场分离的世界。政治容易跌入区隔和层级模式，地方市场可以被政治控制，或反之亦然；地方宗教人士可以施加政治影响并破坏正当法律程序。地方特性并不像封闭特性那样包含很多风险。功能分化是作为具有政治结构、经济结构和法律结构的话语世界的需要，并引起打破掌控共同体生活和个人发展的传统。怀念人性化关系和共同体是温暖的家的想象时代，会使人们忘记非个人的规则和角色发展的理由。

公民共和体制假设强大的个人和强大的国家可以齐头并进。人们被期望作为个人、组织成员、政党成员、投票者、公众辩论参与者，深入地参与治理。公民必须是知情的，教育和媒体的质量对于民主的质量至关重要。参与受到期待，是一种公民主义，并通过这些不同的通道实现。不同的参与形式能在不同的治理场域中找到一席之地，能与身份的不同方面联系起来。因此，身份的复杂性不被理解为一个问题，而是一种优势，因为它使以不同角色积极参与成为自然而然的事情。这种参与的多样性，降低了政治被还原为身份政治的机会；它体现了一种有价值的制衡形式，使得一个治理行动者积累大量权力并支配决策制定成为不可能。由于个人是内在划分的，他们倾向于根据不同的场合站在不同的行动者一边，保持行动者的多样性和政治行动者的种类。

对于公民共和主义来说，应当鼓励个人主动性，但共同体难以处理个人财富，因为它容易败坏治理，例如会产生波将金（Potemkin）① 这样的行动者或者简单收买现有的行动者。马基雅维

---

① 波将金（Potemkin），原是俄国叶卡德琳女皇二世时的大将和宠臣。1787年，女皇沿第聂伯河巡视时，他为了邀功，下令把南方贫困肮脏的村子装扮成一片繁荣的模范村庄。后世就把这种为欺骗公众舆论而弄虚作假的"样板"称为"波将金村"。波将金行动者是表面行动者，他们看似起作用但实际不是。一个不同的行动者可能在他们后面，起着那种作用；或者他们可以是行动者，但起到不同的作用。——译者注

里，公民共和主义的主要灵感启发者，因主张国富民穷而闻名（Machiavelli 1988）。除了管理腐败风险外，所涉及的税收能服务于积极的目的，即公共物品的长远化。这些公共物品在参与式治理的日常摩擦中不断地被重新界定，那些实现它们的想象也是如此。持续的冲突和自我变革没有被看成治理问题，相反，它正是这种观点的民主本质。它是一个强大国家中的强大公民原则在实践上的实现。

在这种观点中，法律不会维持自身，政策和计划也不会实现自身。政府行动的恒常监督是必需的，政府的持续观察和执法也是必需的。制衡的复杂网络能够降低政府腐败和不执法的风险。法律也不是完美或完全稳定的，因为社会中不存在完美和完全稳定的秩序，也不存在通过自然法则来规定社会组织的事物的自然秩序。好的法律是可适应的，能适应内部和外部环境的变化，适应军事和经济必然性的情况变化，适应内部和外部的价值、意愿、权力及可能性的变化。

这五种模式既有理论起源也有经验起源，既产生理论效果也产生实践效果。在话语建构范围内，它们是在经验实在中不以纯粹形式存在的理想模式。在受被观察到的实践的启发并对治理实践产生几个世纪影响的范围内，它们在治理世界中是可观察的。由于我们把社会理解为由其他自创生系统所组成的自创生的社会系统，所有的结构和要素都随时间逐渐被重塑，甚至基本类别也会随时间而改变。例如美国，社会可以从公民共和主义转变成自由民主，同样也在美国社会，还会看到类似社群主义的地方复兴。因为自创生的再生由路径依赖、相互依赖和目标依赖所标记，又因为共同体从来不会被一种话语完全支配，几乎可以肯定的是，在任何给定的时间点，人们可以在一个社会中辨别不同模式的特征。这些特征既可以归因于过去的内部变异，也可以归因于追踪过去的范式模型。辨别公民共和特征（作为第二成第三种声音）能否通过指涉从始至今的进化线索来很好地说明，或者辨别它是否是曾经占支配地位的组织模式的残存物，这需要描绘治理进化路径的图景。

这些模式把进化的不同路径表述并简化为政治、法律和经济之间结构耦合的不同模式。它们也可以被看作基本概念的不同构成，这些概念似乎被大多数模式在理论和实践上所共享。个人、组织、共同体、政府、公民、权利和义务、参与和代表、法律、市场、政治、私人和公共物品都是反复出现的。这些概念既能在这些理论模式中找到，也能在自文艺复兴以来大多数西方社会的历史自我描述中找到。这些模式因此可以被理解为对个人与共同体、小共同体与较大共同体（在民族国家初期）以及私人关系与非个人角色之间等联结中通常被观察到的差异的理解。每种模式都代表了一种关于什么存在和什么应当存在的不同叙事，关于现存的和理想的社会及其组织模式的不同叙事。一些叙事证明比其他叙事在促进变化上更具说服力。治理变化可能被这些叙事所引发，是因为它们适合现存的实践，尽管表现出微小的差异，或者表现出与现存实践的差异，它们由于与其他话语和实践进化产生共鸣而具有说服力。具有新观点的新阶级可能已经出现，一个看上去个同于周围所见到的东西的模式可能很具有说服力，因为那种差异以及与他们的一些核心信念的相似性。

每种模式在理论上都是与功能分化可兼容的，即使是在不同的耦合情况下。它们都认可市场，甚至是社会主义，但其内部结构及与政治和法律的关系会得到不同的解释。自由民主相信"惟一"市场，作为政府让其开放的空间。社群主义将市场看作需要货币和非个人角色（买方、卖方、银行家）的经济相互作用的领域，一个理想中小于非正式交换的领域。它理想中也是一个地方领域：购买本地货。对于社会主义来说，市场是一个小领域，关心那些由于交易成本过高而不能由政府提供的物品：不可能决定谁需要多少胡萝卜并相应地种植和分配这些胡萝卜。在民间社会模式中，市场仅仅在商业和工业团体要求自由进入政府的意义上是自由的。市场被构造为组织和组织联合之间的竞争，实际上不亚于市场份额的竞争与获得规则制定特权的竞争。对于公民共和主义来说，市场既形塑政治又被政治所形塑，就这样不断变革。个人主动性应当得到奖励，赚钱成为可能并受到鼓励，但应当撇开利润的公平分配，为了支撑和改善共同体，并保持每个人诚实。

因此，这五种模式被看作解释治理路径长期以来的结果的简便方法。它们体现了功能系统之间一些反复出现的耦合类型，通常与政治自我描述的基本概念之间反复出现的耦合类型相联结。这些基本概念的每种组合方式适应了美好社会的叙事。应用这些模式，并没有减少重建治理路径的需要。它们可以成为这种重建的一部分，并且给出了更大领域中确定的治理安排一些关键特征的快捷印象。

基于治理维度的概念，我们提出一个与众不同、可兼容的方法来分析更快更小的进化，但并不想过度强调尺度差异。一种基于维度的分析，也能为基于功能耦合和基础叙事的分析提供更多细节。主要不同是，明确结构耦合与关于自我和共同体的相关叙事类别需要时间，如果没有更大尺度研究作为背景，在小尺度上通常不易观察。

第二节 治理维度

我们可以利用一组选择维度来描述每种治理安排。我们区分了与治理相关的四个维度：制度类型、民主形式、调控方式和知识动用（knowledge mobilized）。这也是一种利用对治理路径进行分析和归类的事后分析方法，意味着不重建治理路径的话，它就不能被使用。然而，与通过五种民主模式及其叙事结构所提供的第一种分析相比，它是一种更加精致的工具。

治理进化在行动者/制度构型和权力/知识构型的意义上是激进的。事实上，叙事所建构的世界的整个机制都是进化的产物。对于每个行动者和行动者集合来说，它是一个包含各种各样决策前提的复杂过程。决策与治理的不同维度相关。因为在治理进化过程的一定时点上在特定共同体中占有的维度定位（positions on the dimensions）至少是选择的结果，所以我们可谈论选择维度。被认为重要的维度以及这些维度上的不同定位，都表明了循环模式。一些维度和维度组（clusters）将比其他的更为常见。例如，许多工作可以建基于民主形式和知识动用之间的关系（Dryzek 2000；Fischer 2009；Foucault 2003；Latour 2004）或制度和调控之间的关系（Easterly 2006；North et al. 2009；Pierre 2000）。人们可以看到，这些维度上出现的主要不同定位表明了重复类型。与民主模式一样，这可以有各种各样的原因，包括但不限于结构耦合的基本类型、共享或竞争的叙事（导致维度定位的两极化）以及思考自我和共同体的共有概念基础。

在治理中，四个选择维度通常对决策很重要，它们常常一起发生：制度类型、民主形式、调控方式和知识动用。它们的定位当然是不同的，但可以看到一组对立经常重复出现：正式制度vs. 非正式制度、代议制民主 vs. 参与式民主、中央调控 vs. 网络调控、专业知识 vs. 地方性知识。每个维度上，可能有更多和不同的定位，但至少在西方，选择共同体的形象通常在这些对立项中被两极化。决策实践或许与它们被想象或表述的方式不同。例如，决策可能由一套不同的制度来驱动，例如，更多地由非正式性而不是正式公布的，更多地由地方性知识而不是假定的，或者事实上更多地由传统规范而不是知识（Fischer 2000；Scott 1998；Jacobs 1961）。有时候，协调的自我形象比它在其他共同体中更接近实际的协调。有时候，选择被理解为比在别处更加刻板和两极化。有时候，选择更明显的是一种选择，在其他地方定位无声地被采用，或者它悄然出现。

因此，选择维度这一术语部分是隐喻性的。随着进一步的复杂化，即实际进化模式可能不同于它在内部被相信的情形，选择维度不会总是意味着共同体有意识的选择，而是对后面进化变得重要的治理路径的一系列分叉点（bifurcations）。标记治理进化一定结果的选择维度实际上是进化的结果：它们不会立即出现，而是随着行动者彼此相互作用以及与他们面对的环境相互作用而不断发展。因此，它们可以被看作进化突现结构（emergent structure）①的一个实例。相关维度构型在治理安排的自我再生中是行动者互动的历史、行动者变革以及他们采用的协调规则的历史的结果。这同样可以用于在这些维度上所采用的定位。致使一定构型立即更具内聚性和给定治理路径更具鲜明特征的东西，正是维度和所选定位的协同进化。这是协同进化的一种强形式，不仅是必须以某种方式来考虑的其他东西被动在场的结果，而且是其他维度的事件对一个维度上的选择的直接影响。在一个维度上占优势地

---

① 本著作中的"emergence"（突现）及其形容词"emergent"都与突现论相关联。关于突现结构（emergent structure），作者的说明是：我们首先受到的启发是复杂性理论和一般系统论，在那里，要素得以产生一种开始根据新的、突现的逻辑（它可以潜在地变革要素，在那种情况下，是接近自创生系统的一个步骤）来组织自身的结构，甚至无须意向性。一个例子是微观和宏观经济学，人们急切地想让它们适应一个模型，然而宏观是从微观中突现的，这不是同样的逻辑，然而并不矛盾。另一个例子是身体和心灵，没有身体和大脑的化学成分等，心灵不能起作用，但心灵不能还原为它们。一旦心灵存在，它开始影响化学成分和身体功能。——译者注。

位，使在其他维度上的一些定位成为不可能或不太具有吸引力。在集体决策中，一个维度的重要性使其他维度变成或保持与之相关或多或少是可能的。这个过程在治理中造成一种依赖性——路径依赖与相互依赖的结合，它在学术文献中通常被忽略。

通常，在一个维度（如参与程度）上的定位被分开来分析用以评估治理安排。一个维度上的选择，不管怎样都会对其他维度上的选择或定位产生影响。这发生在一种进化中，在那里，基本概念的选择及其关系倾向于自我固化，一旦它们在行动者/制度进化和权力/知识构型中被采纳；一旦一组维度中的一组选择到位，这就表明一种附加的和强大的保守性相互依赖：这些选择使彼此各归其位，也使维度得到定位；一旦事物以特定方式被组织和理解，并被嵌入对社会生活产生很多不同影响的基本选择，就很难改变它们。内聚性的选择组合使得改变一种选择更加困难。这种相互依赖形式代表了治理进化的一种主要路径依赖。我们或许更容易理解不同维度之间的联系。如果我们把它们描绘为通过一个动态话语世界相联结，这个世界以我们已经遇到的两种关键构型（权力/知识和行动者/制度）为标志。

我们已经知道在每种构型中，两个方面在一个辩证过程中彼此形塑。正式的协调机制形塑了非正式性的空间和形式，反之亦然；行动者构型通过他们用来协调互动的制度来形塑和被形塑。现在，我们可以说一个治理维度的选择——在那所采取的定位——可能会引起两种构型的变化以及它们联结的变化。这可能在可以更直接观察的治理维度中，再次导致表面上的变化。权力/知识和行动者/制度必须被理解本身是辩证联系的，理解为每个都融入对方过程的两个互联过程。人们会提到元构型（meta-configuration），这种元构型可以标记为治理体制进化特征换言之，路径特征。那种特征本身从不会完全被把握，但可以重构它的方式之一（除了路径绘图），是研究选择维度之间更易观察的互动。多个维度是如何联结的，它们如何回应其他维度上的变化，揭示了治理自创生更高层次构型的运作。

我们举几个例子说明治理维度之间的辩证法是怎样发展的。一个特定事件，例如一场灾难，能够激发更多的中央调控形式。这些变化的调控形式随后可以重塑知识的作用，知识会影响权力分配和（非）正式性的作用，反过来影响行动者的作用，从而影响参与/代表平衡，等等，永无止境。同样，一种关于美好社会的新叙事能改变嵌入治理的知识形式，并产生新的行动者。这些行动者将现有的非正式协调形式揭露为"腐败"，并在"透明性"的口号下给每次会议带来压力。因为他们能很好地应对压力，所以能为非正式协调消除现有空间，并将自己的非正式性形式强加给其他人：取代更大的幕后，他们自己在幕后。这使一些行动者边缘化，并增强新行动者对规则制定的影响，这使一些新的非正式性的正式化成为可能，同时会使其他行动者上不了桌。例如，生态学家取代经济学家成为现在最受欢迎的建议者。因为新的行动者相信代表一种绝对真理——绿色可持续社会的真理，就没有必要继续现有的参与形式，恢复代表制为公民参与的主导形式，并使中央调控随时可行，看起来更加安全有效。

可以给出的另一个例子是《欧盟自然保护方针》（*European Union Nature Conservation Directive*）的实施，失败表演在行动者中传播并取得了现实效果（Beunen et al. 2013）。在保护组织赢得了反对发展商业园区的诉讼案件之后，《欧盟自然保护方针》成为决策实践中重要的法律工具。结果是，决策转向正式性，并且法律专业变得更重要。这种专业形塑了所提出的解决方案的方向，强调法律的明晰性，但与可由政府操控决策的定位紧密相连。这导致了其他行动者受邀作为参与者的节点层面（site level）的计划过程。这些行动者不论怎样很难影响到决策，而且他们的知识在很大程度上被忽略，由于决策自上而下的特征和对正式制度和科学知识的强烈关注。

在环境中，一种外源或内源的变化，能够引发一个维度上的定位变化，这将会对其他维度上的定位产生反响，因为它们干预了根本的权力/知识构型和行动者/制度构型的动态过程。一个维度上的定位（在一个分叉点上对选项的选择）影响了基本的过程——构型辩证法，它在其他地方具有表面影响，又返回到可见的路径领域。在那里，被改变的构型对另一维度上的定位施加压力。基本的构型迫使对一个选择——在另一个分叉点上对另一个选项的选择——重新考虑。因此，这两种构型以基础结构自身持续动荡的方式将四个维度联结起来。

能够被来自下面压力所改变的分叉路径和路线的隐喻，表明每种场合都存在保守的反压力。通过 N 维空间来跟随路线，路径本身现在以多元维度出现。路线可以被更改，但一组维度和适当的选择的确作为这种保守的反作用力发挥作用。作为一种治理安排的稳定化机制，它有助于分析者以后对治理类型的研究。更为根本的是，路线可以被更改，但在一个维度上的新选择从不会是相同的，也从不会像路径早期的类似选择那样具有相同的影响。路线和选择从不会完全被消除，因为过去不会在由路径依赖、相互依赖和目标依赖所支配的路径中重复，进一步说，不会在每种要素和结构沿着这条道路变革的路径中重复。

第三节 空间尺度：个体、组织、共同体

在前面我们已经把新的分类模式当作进化治理理论应用的第一种类型。借助几组选择维度讨论了结构耦合模式与叙事组合及

分类之后，我们简要探讨治理分类的第三种方式。不过，这是我们进化观点中看起来不同的非常传统的方式：空间尺度。对于进化治理理论来说，治理总是多层级的（multi-level）治理。这意味着，一种治理路径总是嵌入其他路径，缓慢进化包含着更快的进化。根据系统观点，我们可以看到世界社会中朝向功能分化的缓慢进化。这一世界社会的特点是与分化的区隔模式与层级模式所留下的痕迹有关的区域变化。这种区域变化在不同的结构耦合类型中是可见的。这些类型影响更小尺度的治理进化并受其影响，它可以强化或破坏法律、经济和政治之间的特定耦合，强化或破坏区隔分化和层级分化的保留形式。组织分化和功能分化彼此强化，并随即形成治理尺度间的另一种联结。

治理的空间尺度和时间尺度并不是在本质上被给定的，它们也是话语产物。话语动态（discursive dynamics）既创造尺度，又跨越尺度。治理节奏和覆盖领域嵌套是治理本身的结果。之前已经谈到，行动和话语的平行表达、在界限构形中的物质世界看不见的作用，以及作为世界创建的界限跨越机制，全部都可以应用于在治理中并通过它的时空区隔这一论题。物质单元可以启发治理单元，但这从不会被追溯。一种实践逻辑，例如建立在所主张的管理效率之上的，总是被话语进化轻微地影响，被构造成为效率的主能指标志的概念的权力／知识构型轻微地影响。协调困难的内部经验与善治（good governance）、美好生活和理想共同体的外部叙事混合在一起。这些机制应用于时间尺度的产生：对更大或更小时间尺度的论证和策略，也应用于更快或更慢的时间尺度。正如斯维奇多瓦（Swyngedouw）和其他人所证明的，权力／知识构型可以既有意又无意地产生尺度效应（Swyngedouw et al. 2002）。与国家有联系的大公司会蓄意地破坏地方治理，但被许多学术观察者谴责的全球化在很大程度上是权力／知识构型的副产品。这些构型与一个沿着功能分化路线被构造的开放世界相伴随。

治理创造自己的空间界限和时间界限。但是能够把治理引入不同路径的新叙事可以发源于任何地方，独立于这些尺度。我们可以指责曾经提及的社会生活的隐秘的同质性和易变性，这由每件事物的话语本质所赋予。话语能够流传，跨越界限，因为在本质上，另一边也是同样的。界限由于悬置怀疑而具有效果，因为一个共同体决定相信两边是不同的。这是对界限典型的操演模式描述。

当话语仍然跨越界限穿行时所发生的，是共同体和个体感到惊讶。因为他们没有假设事物能够跨越界限穿行，例如与尺度相联系的界限，也没有观察到这种话语迁移。他们经验到特定话语领域的效果以不同方式被构造。通常，人们没有意识到事物的改变，如果意识到了，原因也是个谜。事物只是看上去和感觉到与以前不同，或多或少是自然或可想望的。后天的、合理性的说明会进一步被提出：当然，我们需要改变这一政策，因为它很明显不管用了。

重建治理路径和描绘更广泛的情境，会有助于阐明话语是如何跨越尺度穿行并影响治理的。叙事、概念、隐喻、对象或基于这些叙事的关于协调规则的观念等，能够跨越尺度和在地方之间来回穿行。它们可以在组织内由一个团体或者个体发起。它们能够向下缓慢移动或者向上移动，甚至可以是这种情形：在个体内寻求自我创造了关于一个地方、一个领域、一个共同体或一般共同体的新形象。通过写作或以其他方式与他人互动之后，改变更宽泛的话语，创造新的对象，并导致形成新的政策或行动者/制度构型和治理路径。人们能想到首先与自己斗争的环境作家，在自然生活和与之相关的写作中发现了意义和认同，但同时创造了由这些写作传播的新的自然与生活的概念。这种生活可能会被一些人效仿，被更多人所钦慕，而且关心（新产生的）自然可能会激发新的环境政策，以及对因有创见的写作而变得著名的自然区域的特别关照。人们可以想起 17 世纪的风景画家和诗人，激发 18 世纪早期的景观建筑师为富裕主顾工作，做出一些被证明激发了 19 世纪城市委员会绿化城市，甚至把城市作为风景延续体来看待的事情。

因此，根据标量范畴（scalar categories）来分析进化治理理论视角中的治理是可能的和有意思的。不论怎样，关于治理路径更具明显效果的是，界限跨越机制和跨越尺度的话语迁移历史。穿行的事物在一些情况下激发了新的协调规则，但在大多数情况下，人们期待新的叙事，它们会激发新的愿望和担忧，并给叙事带来应对由这些愿望和担忧所重新解释的现实的建议。对行动的呼唤来得或早或晚，它们直接以治理领域为目标，或通过一定行动者的缓慢变革产生间接影响。或者，它们可以导致地方非正式治理的新形式零散出现，这反过来又导致新的正式安排，或者在高层次治理中更加包容地方非正式性因而是差异的情况。专业的新形式能够开始支配一个特定主题或区域的治理，社会、空间和概念的界限间的联系，在这个过程中会改变（这反过来……）。

参考文献

Beunen, R., Van Assche, K., & Duineveld, M. (2013). Performing failure in conservation policy: The implementation of European Union directives in the Netherlands. *Land Use Policy*, 31, 280–288.

Dryzek, J. (2000). *Deliberative democracy and beyond*. Oxford: Oxford University Press.

Easterly, W. (2006). *The white man's burden: why the West's ef-*

forts to aid the rest have done so much ill and so little good. Oxford: Oxford University Press.

Fischer, F. (2000). *Citizens, experts and the environment. The politics of local knowledge.* Durham: Duke University Press.

Fischer, F. (2009). *Democracy and expertise: Reorienting policy inquiry.* Oxford: Oxford University Press.

Foucault, M. (2003). *Society must be defended: Lectures at the College de France,* 1975 – 1976. London: Allen Lane The Penguin Press.

Goodin, R. (2008). *Innovating democracy: democratic theory and practice after the deliberative turn* Oxford: Oxford University Press.

Greif, A. (2006). *Institutions and the path to the modern economy: Lessons from medieval trade.* Cambridge: Cambridge University Press.

Guinier, L. (1994). *The tyranny of the majority: fundamental fairness in representative democracy.* New York: Free Press.

Held, D. (1996). *Models of democracy* (2nd ed.). Cambridge: Polity.

Holmes, S. (1995). *Passions and constraint: On the theory of liberal democracy.* Chicago: University of Chicago Press.

Jacobs, J. (1961). *Death and life of great American cities.* Harmondsworth: Penguin.

Latour, B. (2004). *Politics of nature. How to bring the sciences into democracy*. Cambridge: Harvard University Press.

Luhmann, N. (1989). *Ecological communication.* Chicago: University of Chicago Press.

Luhmann, N. (1990). *Political theory in the welfare state.* Berlin: Mouton de Gruyter.

Luhmann, N. (2012). *Theory of society* (Vol. 1). *Cultural memory in the present.* Stanford: Stanford University Press.

Machiavelli, N. (1988). *The prince.* Cambridge: Cambridge University Press.

North, D., Wallis, J., & Weingast, B. (2009). *Violence and social orders. a conceptual framework for interpreting recorded human history.* Cambridge: Cambrigde University Press.

Pierre, J. (2000). *Debating governance, authority, steering, and democracy.* Oxford: Oxford University Press.

Putman, R. (1993). *Making democracy work. Civic traditions in modern Italy.* Princeton: Princeton University Press.

Scott, J. C. (1998). *Seeing like a state: How certain schemes to improve the human condition have failed.* New Haven: Yale University Press.

Stichweh, R. (2000). *Die weltgesellschaft. Soziologische analysen.* Frankfurt: Suhrkamp.

Swyngedouw, E., Moulaer, F., & Rodriguez, A. (2002). Large scale urban development projects and local governance: From democratic urban planning to besieged local governance. *Geographische Zeitschrift*, 89 (2+3), 69–84.

Young, I. M. (2000). *Inclusion and democracy.* Oxford: Oxford University Press.

第九章

进化治理理论模型概观

摘要：本章把进化治理理论简要综合中已经提出的一系列概念放到一起。行动者/制度和权力/知识构型被阐述为形塑治理路径发展的基本概念。

　　进化治理理论是一个未完成的项目，是一个有着巨大潜力的项目。不论怎样，从它的发展来看，我们可以提出一个非常丰富概念框架，它囊括了进化治理理论的关键特征和基本构成要素。这个框架是新的，它的很多构成要素也是新的，而其他要素则来源于现有的理论部分——要么直接拿来，要么重新解释，以适应进化治理理论。通过它们的关系，我们再次简要提出这些关键概念。对于这些概念、它们的关系以及与第二级、第三级概念之间的联系的完全详尽的阐述，请查阅其相关章节和参考文献。为了进化治理理论应用于不同主题以及政策的不同领域，需要强调这些概念的不同组合，也必须发展新的方法论变形。

　　治理是对一个共同体的集体约束性决策的协调。治理中的每个事物都是进化的结果：行动者、制度、组织和话语。治理也影响着这些要素的进化。它引入了一种可以被理解为协同进化的内聚性。并非所有要素都是治理的产物，但一旦它们进入治理，就将会在治理中并通过治理而被变革。

第一节　行动者/制度和权力/知识构型

决策需要通过规则和制度来协调行动者。治理与制度打交道并产生制度，如政策、计划和法律。因而，治理协调需要达成一致的行动者，但制度也协调治理领域之外的实践和其他制度。我们区分了正式的、非正式的和失效的制度（Van Assche et al. 2012）。失效的制度在拥有超强记忆力的旧的官僚制度中有着最强的在场，它是丧失其协调权力但可以被恢复的制度。正式制度是那些在给定场合被假定来协调行动的制度，而非正式制度则是不同选择。正式制度和非正式制度处于辩证关系之中（North 1990，2005）。辩证法是正式与非正式由此相互变革的过程；正式性的功能、形式和空间由非正式性来界定，反之亦然。正因如此，评价治理安排时，最好是着眼于正式制度和非正式制度的构型，以及源自特殊治理进化的正式的、非正式的和失效的制度的叠加。与其评价正式的或非正式的，不如评价构型在实现一定共同物品或解决共同体问题时的结果。这些结果仅仅在后来、部分地在意想不到的地方才是可见的。

第二种构型，包含正式/非正式构型，是行动者/制度构型。人们会想到嵌套过程。正式和非正式在一种与行动者处于类似辩证的关系的构型中形塑彼此。行动者将会在治理中变革，作为他们被协调的方式和协调方式的结果（参考：Hacking 1999）。在政策、计划和法律的形成中，行动者与其他人的策略和观念的持续冲突，将不可避免地改变他们。被重新界定的行动者将以不同的方式对待制度，并以不同方式参与到新制度的形成中。在制度构型中引入转变，有可能迫使行动者进入重新塑造（reinvention）的新阶段。

第三种构型是权力/知识构型。事物被理解的方式不能与情况被控制的方式相分离。相反，权力运行需要并产生知识（Foucault 1998，1979，1994）。治理总是行动者之间的竞争，以及与他们的策略和对世界理解之间的冲突。冲突、竞争还有合作与妥协可以被分析为权力/知识构型的持续变革。新的洞见在治理博弈中能够引起新的定位，而博弈能够导致新的洞见（Van Assche et al. 2013）。人们可以向其他行动者学习，在其他场合学习新的事物，或固守旧的观念以显示自己的与众不同，甚至使情况两极化或加剧（出于策略理由）。学习类型部分地取决于规则：一定的制度构型能使寻求专业、发展专业或改变某人的看法并向其他参与者学习，或多或少具有吸引力或成为必要（Van Assche et al. 2013）。因此，行动者/制度构型和权力/知识构型也协同进化，能够被理解为标志着一定的治理进化、治理路径的元构型。从系统观点看，人们可以说元构型在一定共同体中代表了唯一的自创生或治理自我再生模式。

第二节 依赖性和路径创建

每一路径和与之相联结的场域都是唯一的。它以不同的治理技艺（technique）为标识。这些技艺将是话语技艺（discursive techniques），因为在治理中每一事物的构建材料在本质上都是话语的。每一路径由依赖性来标识，它意味着从治理路径中的A点出发，不容易到达任何其他点。在治理再生中产生的结构是治理自创生的结果，同时也是这一再生的前提条件。它们限制每一点上的选项。我们区分了路径依赖、相互依赖和目标依赖（Shtaltovna et al. 2013；Van Assche et al. 2011a）。路径依赖是用来指明影响当前再生、源自过去遗产的通用名称。相互依赖可以被理解为源自作为治理历史结果的关系网络的选择限制。它可以指称联结行动者与制度的网络，以及指称联结被观察到的治理安排与更大社会情境（包含行动者和制度）的网络。目标依赖是由所建构的未来施加的影响。这不仅包括计划和政策，还包括在治理过程中所想象的共同未来的任何形式。这三种依赖关系的相互作用产生了治理路径的刚性。它也产生偶然性，引入灵活性无法预期的效果。这种灵活性的路径创建，也有其他来源，其中有在治理设计中想象的自由空间。换言之，每一路径都有自身的灵活性与刚性之间的平衡、依赖关系与路径创建之间的平衡。行动者可能会意识到他们路径的典型依赖性，但更有可能这一洞见是不完整的。关于行动者的身份、领域和治理路径特征的话语，尽管与外部观察者所能看到的不同，但它可以具有真实效果。它可以是具有产生力的虚构，那种产生力包含实在效果。在提及话语的实在效果时，我们讨论了操演。

第三节 治理路径、对象和主体

治理路径是话语之间冲突、世界不同看法之间冲突的历史。它们也是调控尝试的历史：在政策、法律和计划等形式下，集体约束性决策的发展被期望是集体受约束的。这些决策包含对未来、现在和过去的理解，关于这些决策施行路径的期望和通过这些决策来调控社会的可能性的期望建立在这个基础上。通常，把握世界和调控权力都被高估。一个原因是社会系统从来不是彼此透明的。这一点可应用于治理所归入的政治功能系统，也可应用于大多数行动者所应用的范畴——组织（Seidl 2005）。尽管这是不完全的掌握和控制，政策仍具有很多实在效果，而且它能不知不觉地创造现实，给人以它们是由治理决策所引起的印象。治理的这种操演效果有很多来源：可能是政策依赖指向（point in）同一方向的现有非正式协调机制，或者是嵌入计划的基本概念、价值和目标在整个社会中流行，使得类似政策和计划的意图的情形更容易出现。也有可能是政策、施行和成功，以这种方式被呈现和衡量，即公民相信它起作用，并开始根据它行动，此后它起作用。操演使得其他路径也是可能的。成功的表演质量与之相关，因为它能影响政策的操演。根据表演，我们去理解叙事在修辞设定中被带入生活的方式。表演可以使一种叙事具有或多或少的说服力。如果人们在表演的帮助下相信叙事，他们会根据这一新的现实来行动，也使外部观察者感到真实。

如果我们提到操演，就触及了治理的微观机制，它是伴随对治理具有典型性的话语协同进化的话语机制。这些机制大多也存在于治理领域之外，其中一些在治理中获得了特殊功能，或唯一的强度。我们简要地分析了一些基本话语机制，这些机制在治理情境中是共同的，并且对于理解它们也是基本的。首先，治理通过对象和主体来运作。主体是在治理中被界定的社会身份，包括行动者表现出来的身份，而对象指的是在治理中被叙述的概念世界的其他要素（Duineveld and Van Assche 2011；Duineveld et al. 2013；Van Assche et al. 2011a）。我们讨论了对象构形和稳定化的技术，论及在社会世界中没有对象是完全稳定的，尤其在治理中，它总是服从于变革压力。对象和主体是话语的一部分，它们可能适应被嵌入广泛分布的意识形态的叙事结构。每一话语要素和结构都能并将会在治理进化中被变革，要么通过社会学习和合作，要么通过竞争和区分。详细研究界限构形过程，有助于理解治理中发生的持续话语变革，理解对象、主体和叙事的不稳定性，还有治理运用于结构本身的空间和时间界限的建构。然而，这些作为任何其他话语的界限，也能被跨越，使界限两边的变革成为可能。物质界限能构造话语界限,但人们从来不能确定这是如何发生的;出于这种理由,我们提出了经验界限。

为了理解治理中的话语变革,有几个特殊概念特别有用:隐喻、开放概念和主能指。这三个概念使界限跨越的特定形式、因此变革的特定形式成为可能。它们勃兴于忙乱的治理环境,一种概念压力锅,在其中,新的论证需要被发现,新的故事需要被创造,新的定位需要被采用,批判需要被建构,差异需要被想象,问题和性质需要被描绘,其他行动者被需要理解和说服。创造性是必需的,正如叙事灵活性和灵活的说服。隐喻允许概念领域之间的跳跃,允许从新角度阐明问题的新简化。引入隐喻能够重新组织嵌入的叙事,影响其他叙事,并改变对象和主体的界限。开放概念创造了使不同世界观之间的协商变得轻松的开放空间。它们创造了一个当理解含混时可以策略地使用的模糊中间地带,也用来创造新的实质性中间地带——共同理解或共同理解的表象。同样,它们像隐喻一样,在治理中服务于摆脱僵局,脱离绝境。因此,主能指给意识形态叙事带来统一,或者允许行动者详细了解意识形态。它们有助于保持行动者或联合的内聚性,但也可以通过产生极端的两极化和使每一细节政治化而使治理脱离轨道。主能指是具有产生力的虚构,它使共同体继续前行,动员共同体为凝聚力而奋斗,并拥抱理想。它们也可以破坏让日常协商继续所必需的中间地带。

在不同话语的对象和主体之间、行动者/制度构型和权力/知识构型之间的相互作用中,治理再生并变革其自身。路径在发展。对话语机制和变革的分析,在微观层面上是对权力/知识构型的分析,在那里,知识(话语)一端更容易观察。像这种路径知识、关于行动者和制度的知识是必需的,为了在微观层面上增强对权力一端的关注。同样的话语分析可以用于深化对行动者(主体）变革的理解，这种变革是与其他行动者（主体）及其观念（对象，叙事）冲突的结果，也是其他人的观点、他们的策略资源和追寻世界观（权力方面）的策略的说服效果。同样的分析还可以用于把握行动者/制度辩证法是如何受到话语变化（超越依据规则的策略化）影响的。

第四节 方法论意涵

如果我们认为行动者/制度辩证法和权力/知识辩证法是推动治理再生和路径创建的两个关键过程，这些过程的局部可见性可能会被当作一个问题。不论怎样，我们相信，不同学科各种各样的观察迫使我们采用元构型作为进化治理理论的基础结构。它为至今分散的领域带来内聚性，并允许我们详尽说明使进一步的理论发展和经验分析成为可能的一种内聚性理论。在方法论上，我们相信基础过程的局部不透明，可以用三种方式得到补救。

第一，通过对治理路径及其情境的绘图。这意味着，分析哪些行动者或主体参与其中，以及他们的角色是如何被界定的。这也包含分析正式的和非正式的协调机制、结果以及人们对实施的说法。人们可以考虑哪种专业形式会要涉及以及权力关系怎样发展和改变，也应当关注受到行动者和治理领域本身的影响，并影响它们的更广阔的情境。通过区分被嵌入叙事、嵌入意识形态和被嵌入尺度，这种分析变得方便。

第二，对在路径中被观察到的话语机制进行详细考察（Foucault 1998）。话语变革的微观分析，一方面可以用于填补路径重建中所缺失的部分，尽管在另一个方向上；另一方面，在路径绘图中获得的洞见，能增加对权力/知识辩证法中权力一端的理解。如果语境绘图发生了，话语分析可以包含话语迁移、界限跨越及其反应。

第三，根据一组内聚性选择维度，对治理安排的事后分类，可以为路径重建带来另一种观点。它有助于在关键维度上的一系列关键选择或定位中构造路径，这些选择是在 N 维空间中分叉路径上做出的。如果人们能够在其他维度中观察到对一个维度中变化的反应，就会给权力/知识构型和行动者/制度构型的基础动态带来进一步的洞见。

路径描绘和路径分析作为追溯治理安排的自创生特征的关键方法而出现。在这一努力中，人们可以应用早先提出的全部概念。如果有人对话语迁移的影响感兴趣，语境绘图必须完成，但语境尺度不需要先验地被界定。它可以跟随在路径分析中发现的线索。由于基础构型不容易直接地被观察，它们必须利用路径分析与对话语变革更精细的分析相结合来重建。在话语分析是通过把归纳和演绎相结合的微观研究的情况下，在维度方法是通过基于溯因推理的宏观分析的情况下，话语分析和内聚性选择维度分析用来作为完善路径分析和基础构型分析的方式。

研究实践中，这种方法有必要同时在几个层次展开工作，因为解释学循环不允许明确的步骤分离，必须在尺度之间以及方法和概念之间跳跃。一个层次的新洞见为不同层次的下一个步骤提供线索成清晰的指引。这些复述、方法、问题和主题可能需要稍微地做出修改，这取决于发现了什么。我们相信，这不应当被理解为一个问题，只是在假定稳定实体和可预测过程的科学理论与科学方法中，它才作为问题出现。为了研究自创生进化，即任何事物实质上都通过协同进化而服从于变革以及行动者的自我理解和对协调规则的正式理解不能根据表面意义来判断的自创生进化，人们不能简单地预测，什么将会作为先验的关键选择、关键机制，作为透明的和不透明的领域、作为无声影响的隐喻或对自我变革不可见的限制,在分析中出现。

然而,没有必要担忧,剩下的唯一选择是完整无遗地绘图,它是微观治理的宏观百科全书的产物。一旦根据心中的研究主题完成了基础绘图,所观察到的类型就能根据适合的主题和次级主题、可兼容的方法、有用的概念组合,指导和描绘进一步的研究。关注自我变革,比起关注选择维度之间的联结、新隐喻的影响或者戏剧性叙事中记住的特别创伤事件的影响,将会在分析中带来不同的简化。在下一章,我们将简要阐明进化治理理论应用的可能领域。

参考文献

Duineveld, M. , & Van Assche, K. (2011). The power of tulips: Constructing nature and heritage in a contested landscape. *Journal of Environmental Policy & Planning*, 13 (2), 1 – 20.

Duineveld, M. , Van Assche, K. , & Beunen, R. (2013). Making things irreversible. Object stabilization in urban planning and design. *Geoforum*, 46, 16 – 24.

Foucault, M. (1979). *Discipline and punish: The birth of the prison*. Harmondsworth: Penguin Books.

Foucault, M. (1994). Truth and power. In P. Rabinow (ed.), *Power. Essential works of Foucault* 1954 – 1984 (Vol. 3).

Foucault, M. (1998). The will to knowledge. *The history of sexuality*. (Vol. 1). London: Penguin Books.

Hacking, I. (1999). Making up people. In M. Biagioli (ed.), *The science studies reader* (Vol. XVIII, p. 590). New York, NY: Routledge.

North, D. C. (1990). *Institutions, institutional change and economic performance*. Cambridge: Cambridge University Press.

North, D. C. (2005). *Understanding the process of economic change*. Princeton: Princeton University Press.

Seidl, D. (2005). *Organizational identity and self-transformation. An autopoietic perspective*. Aldershot: Ashgate.

Shtaltovna, A., Van Assche, K., & Hornidge, A. K. (2013). Where did this debt come from? Organizational change, role ambiguity and development in rural Khorezm, Uzbekistan. *International Quarterly for Asian Studies. Internationales Asienforum* 43 (3-4), 179-197.

Van Assche, K., Beunen, R., & Duineveld, M. (2012). Formal/informal dialectics and the self-transformation of spatial planning systems: An exploration. *Administration &Society* (Online First).

Van Assche, K., Beunen, R., Holm, J., & Lo, M. (2013). Social learning and innovation. Ice fishing communities on Lake Milles Lacs. *Land Use Policy*, 34, 233-242.

Van Assche, K., Beunen, R., Jacobs, J., & Teampau, P. (2011a). Crossing trails in the marshes: Rigidity and flexibility in the governance of the Danube Delta. *Journal of Environmental Planning and Management*, 54 (8), 997-1018.

Van Assche, K., Duineveld, M., Beunen, R., & Teampau, P. (2011b). Delineating locals: Transformations of knowledge/power and the governance of the Danube Delta. *Journal of Environmental Policy & Planning*, 13 (1), 1-21.

第 十 章

政策制定和进化治理理论：
使治理发挥作用

摘要：本章简要概述进化治理理论应用的一些领域、每一领域中的一些基础洞见以及方法论思考。我们用对自由主义意识形态和社会主义意识形态的中间地带绘图来反思进化治理理论的价值作为结论。

　　进化治理理论应用的主要领域是把治理分析为进化的治理。这可能听起来微不足道，但我们又一次提到它，因为在论及治理的学术文献中，缺失进化观点导致一系列相互缠绕的问题。我们明确地提到它，是因为在相近的文献中，太多问题是用技术术语来分析的，然后倒进治理黑箱（black box of governance），科学成果被设想在那里得到实施（Beunen 2010）。换句话说，问题并非总是被当作治理问题，尽管它们应该这样（Fischer 1990）。因此，认识不到问题作为治理问题和认识不到治理问题是进化的，导致了各种各样假装社会有效性和社会相关性的障眼法的产生，掩藏其后的科学家可以开展工作。它导致注定会失败的准则以及令人迷惑的大量无意义的建模演练和决策支持系统（Smith and Stirling 2010；Voß and Bornemann 2011）。更有甚者，它导致了对科学作为集体物品提供者的公众失望和政治失望（Beunen and Opdam

2011；McNie 2007；Nowotny et al. 2001）。进化治理理论使事情变得更不可预测，但可以帮助使得能够变得透明的东西更加透明，同时以一种精确的方式指出不确定性和不透明性（参考 Fuchs 2001；Luhmann 1989）。

困扰很多治理研究的愿望与现实的一般性混淆，导致一组学科的不幸政治化以及愿望与现实的特殊混淆（Duineveld et al. 2009；Van Assche and Verschraegen 2008）。这为建构和使用进化观点提出了附加障碍：感觉到需要单一的治理模式。对一些人来说，概念清晰性要求推动建构透明的和稳定的治理模式——详细得足以在现实中可立刻辨识并构造得足以经得起（统计）分析检验的模式。对其他人来说，对社会有所贡献的要求，是建构理想模式和批判达不到模式设定标准的现有治理安排的一个理由。

我们的确承认每个社会和每个共同体都有关于理想社会和理想共同体的叙事与概念，并且它们与理论建构相互交织。它们怎样和为何相互交织，是一个需要分析的过程。提出"理想模式"，不能得出存在着作为单一理想治理模式这种事物的结论。循环的叙事和概念在治理分析中不能作为理论模式使用。它们应该被看作共同体的自我归属，和/或可能在治理路径中引入目标依赖的愿望。例如，我们之前区分的五种民主模式，不应当用作最终分类、本质或分析的锚定点，而是用作自文艺复兴以来的西方历史中得以长久的话语要素的偶然重组。它们对于分析中世纪是无用的，对许多发展中国家是无用的，在目前西方共同体中，它们也不能用来把握治理的全部复杂性。它们代表了结构的一个层级，而非治理路径的唯一性。它恰好是治理自我变革的唯一模式、它的自创生特征以及在变革选项中给出洞见的东西。这些变革选项是很多学科的兴趣所在。解决很多社会问题或者创造新的性质蕴含在改变治理的很多情况中。有时，科学观察者会意识到这一点，有时没有。如果他们意识到它，所提出的解决方案通常是受意识形态而不是科学的启发。

第一节 正式制度和公民参与

治理中的变化频繁出现。人们经常能够理解，解决问题 A 或 B 需要立新法，或者更好的政治家，或者公民的直接参与，或者更好的计划，或者更多的计划。每种情况下，它可能是真的或假的，但通常，作者、学派和整个学科都有关于治理和社会变革的标准假设。这提出一个问题，因为变革选项总是特定治理进化的结果，是路径依赖、目标依赖、相互依赖间相互作用的结果，以及所描述的不同话语机制之间相互作用的结果。这些选项应当被研究，而不是被假定。

因此，进化治理理论在理解作为正式制度的法律、政治、计划的效果上是完全有用的。研究了共同体中的这些效果之后，新引入的正式性洞见能更准确测度。如上所述，全面的路径绘图通常不是必要的，而且在应用研究中通常也是不可能的。但特别是当洞见的应用和真实世界的影响受到期待时，它至少在看待先前正式性的影响上是有用的。因此，人们不能完全依赖现有的政策文件或评估（考虑到表演成功，权力/知识构型），既不能完全依赖当前的科学报告（考虑到科学的身份政治，限制了潜在的假设），也不能完全依赖地方描述（考虑到自我观察和叙事救赎的问题）。多种多样的资源将会有帮助，还有与多种多样参与者的对话，包括那些利益不太攸关的人，尽可能地，用个人观察补充书面资源。

沿着同样的路线，人们可以论证进化治理理论对分析公民参与治理的现有形式以及新形式的提议和潜能，是有帮助的。如果公民参与被正式化，或将被正式化，我们就会重新提及需要分析其他的、陈旧的、正式的制度。正式化这一步骤本身可以被研究，依据可能采取类似步骤的治理路径这一背景。例如，很可能新的正式性可以强化不太令人想望的非正式协调形式或权力/知识构型（考虑到边缘化、腐败、剥削），走向正式性的步骤也可能使地方治理去稳定化，例如通过引入新的不确定性（Domingo and Beunen 2013）。事实上，在一些情境中，正式化会增加而不是减少不确定性，并因此使事务处理更加困难。如果对更多公民参与的主要论证是"地方知识"，首先，人们可以分析在特定情境中这意味着什么以及从中期望什么；其次，人们能分析哪种知识形式、地方的或其他的、在地方治理中发挥作用，以及引入和利用新的知识或专业形式可被接受的通道是什么。当前情况表明用科学论证去政治化来保持精英适当位置的几个专家团体的过度影响，当然是可能的。也有可能，引入新形式的地方知识具有类似的边缘化效果。

正式制度和参与形式的效果在进化情境中变得更可理解。这种进化以依赖性为标志，并体现在话语动态的特定类型、行动者/制度构型和权力/知识构型的特定类型中。人们为了增进民主或解决社会问题，不能依赖标准公式或工具。即使人们省略了进化治理理论框架的大部分内容，只研究正式/非正式辩证法，这也会变得清晰。另一种直接应用是，政策变换和复制最好的实践不可能起作用，除非这些政策和实践是量身定制的，在正接受它们的共同体中，通过理解治理路径的方式而得以知悉。

第二节 社会工程

进化治理理论可用于揭示社会工程的宏愿，显示调控的限度是什么（Van Assche and Verschraegen 2008）。同时，它能够表明政治、法律和计划在社会中能有什么效果，包括其调控效果。进化治理理论表明，调控权力在结构上被政府或其他组织所高估。可能会起作用的调控形式又依赖于治理路径的性质。如果人们习惯于被计划或遵守法律，这可以构成一种使调控更现实、法律和计划更有效的简单非正式性。如果社会工程发生在一个高度集中的社会中，并由统治精英所领导，它很可能会产生效果。如果地方主义、个体主义和法制主义支配治理路径，一项计划在制定者的办公室之外不太可能做太多事情。

社会工程表演具有各种各样的操演效果。这可以研究，不仅必然揭露调控是虚构展现，还能识别那些可能起作用和可能令人想望的调控选项。如果一个共同体赞同强有力的中央计划，科学观察者也应当接受它。特别是在这种情况下，展现并理解调控哪些方面运作良好，会产生什么后果，或许是有帮助的。这说明调控何时运作得最好，对于进化治理理论也是有帮助的。如果我们把治理的每一要素理解为变化的，强大的调控宏愿或许会在某一个点准时起作用，但不是后来，或者在极少的政策领域起作用。在其他方向，进化治理理论可以研究声称去中心化和民主化的案例，假定减少调控和增加对自组织依赖的案例，那些情况下调控事实上是实质性的，但在不同的名称下，在不同的行动者构型中，是从不同的治理层级发起的。

进化治理理论可以研究完全拥抱社会工程并在每次失望后又反复重构的体制之修辞，以及把任何政府干预完全拒斥为社会主义和卑劣的体制之修辞。研究话语机制、这些意识形态的原因和效果，以及每种情况下的变革选项，不仅在理论而且在实践上都是很有意思的。它有助于看到，把协调权力/知识构型、协调把握（各种）中间地带的可能性与说明并实施假设了这些中间地带的政策的可能性的历史两极化的效果。

第三节　可持续性与创新

环境政策和计划（例如通向可持续性和适应性治理）的潜能和限制，是进化治理理论另一个丰富多彩的领域。认识到环境问题引起了在很多社会的环境视野中整合各种类型政策新的调控宏愿与企图。可持续性的主能指囊括的，不仅有与生态环境和人类永生完全和谐的不可能理想，而且有把全部政策完全整合到一个目标的不可能理想（Gunder 2006）。进化治理理论可用来分析，当绿色叙事开始扩散到社会和治理时，在话语和制度上会发生什么（Latour 2004）；它能够分析行动者/制度和权力/知识构型的效果及在整个社会中的效果；它能够研究话语迁移、界限跨越和（伴随绿色叙事在治理内外进化与分布的）界限构形过程，以及治理路径的意涵。另外，它能够分析哪些选项可能仍然是对减少绿色修辞和实践不必要的副作用以及优化可想望的效果开放的。

适应性治理（通向可持续性）话语可以被认为可持续性思维（sustainability thinking）的一种更加复杂的形式，但这种方法能够用进化治理理论来辅助（Brunner 2005；Brunner and Lynch 2010；Armitage 2010）。尽管关于适应变化的环境和从先前政策与其他地方政策的实验结果中学习的观念确实是有价值的，这里仍然有进化治理理论可以帮助的议题。适应性治理假定了对明确而简单的外部和内部环境的观察。此外，它要求对在过去和其他地方什么在起作用、什么不太起作用有清晰的理解。尽管这对于有一两个参数的问题或许太容易，当处理影响到很多其他政策与实践的环境政策、问题和效果时，人们可以预见的不仅是技术困难，但更重要的是，成功或失败表演的结构理由。这种方法给予绿色叙事很多力量，所以权力/知识构型的效果将是深刻的，许多事物现在将以绿色修辞来表达。行动者公众的和私人的自我描述之间、正式制度和非正式制度之间的新差异将会被引入。没有一个必然是显著的或危及适应性治理的整体观念，但是由进化治理理论所启发的分析能够提醒完全透明的虚构和简单调控的虚构是有害的。反身性（reflexivity）是根本的，对于把握哪种外部环境被内在地建构为适应循环的起点，哪种问题和参数被选出，这些对象之间的关系的叙事概念化是什么，表演和操演是如何缠绕的。那么，"适应"也变成对治理持续转变的内部环境的适应。

关于"创新"，可以跟随类似的推理路线（Kooij et al. 2013；Van Assche et al. 2012，2013）。许多国家试图在这些假设下刺激创新：这里缺乏创新，创新是经济增长的关键，可以通过政策来刺激。创业科学家看到了资助的可能性，并做出各种错误的承诺，为创新型区域、创新集群、创新园区、创新型城市、转型催化等提供方案（Duineveld et al. 2009）。科学技术学、行动者网络理论和科学社会学与人类学已经多次证明事情不会像那样运转，科学创新不能受强迫，它需要自主、实验和长远眼光。科学创新与经济创新不是一回事，但关于创新的社会工程宏愿一次又一次复发。进化治理理论有助于说清背后的话语动态和权力/知识构型，并就如何从错误承诺之网和障眼法制造者的自我强化之网中挣脱出来提供建议。在那一点上，对创新和创新潜能的新分析将成为可能；新的专业形式可能会在治理中被整合，使重新观察科学创新和经济创新的外部环境更加简便，无须立即呼吁，根据方案 X，现在政府必须要做一些事。

进化治理理论有助于理解创新政策的潜能和限度，因为在推进科学创新中，要求它产生经济效果，并在整个过程中强化政治和科学相结合的作用。超越早先讨论的政治调控的限度，我们必须为这一主题添加这些内容：科学与经济功能系统彼此是不透明的，这隐含着在其他事物中不能预测其他功能系统的下一个创新将会是什么，也不能评估在其他系统的新知识和新实践中什么是真正的创新。经济系统不能评估经济变化的科学意涵将会是什么，科学也不能预测特定科学创新的经济后果。此外，即使在每个功能系统内部，在一种观念激发了很多其他观念之后，什么是创新的通常只有事后才可见。进化治理理论可以从这些系统理论的洞见出发，分析力图调控和耦合科学与经济的治理安排。路径分析能够揭示创新政策的去政治化效果及其在市场和治理中所造成的破坏，同时为创新的新反身性描绘空间。为了这一目的，微观和宏观分析、路径绘图和语境绘图应当相结合。

第四节　市场的自治与合理性

从进化治理理论的观点看，市场是自治的和合理的，在经济功能系统根据划分盈利/亏损的自身逻辑来运行、有其界限并且运作封闭的意义上（Luhmann 1988）。比起人们能够在新古典经济学和通常与之相结合的自由主义哲学中所发现的，这是对自治和合理性的不同理解。对进化治理理论来说，在已经说明的意义上，市场是自治的，但也是在内部进化和与其他功能系统、进行并促成经济交易的组织和制度的协同进化中，并通过它被形塑的（参考：North 2005；Eichholz et al. 2013）。市场对于进化治理理论来说不是治理的产物，也不完全是其自身的产物。当仅剩下它们时，不会更合理或更有效，而是在与治理的协同进化中发展其自身的合理性、结构和要素。因为人和组织都参与经济交往，又因为经济是社会的一部分，市场也对影响治理的话语动态敏感。在治理及其试图管控的市场中，界限跨越会发生，对象构形会具有相似性。在参与性治理中，对投票者或行动者看起来可想望的东西对消费者来说也是可想望的。在经济中探寻并部分产生于它的美好生活形象和叙事，在治理中具有影响，在进一步的治理话语变革以及治理内外持续的话语迁移之后，这些影响能被改变。话语动态机制和社会组织创造了市场能计算并为之运转的价值。

进化治理理论能够被用来研究在它们与唯一的治理路径协同进化中的不同市场的发展。它能够揭示经济调控努力所想要和实际的结果、与治理相联系的市场形式多样性，以及二者嵌入正在改变它们的社会。它能够在特定的市场进化和特定的治理路径中寻求正式/非正式辩证法的相似性。进化治理理论能够为市场与治理在协同进化中相互影响的历史提供洞见：市场参与者影响规则制定而规则形塑市场。权力/知识辩证法在整个社会中，能够通过市场和治理以及市场对治理的反应来影响是否共享制度。

这种分析由进化治理理论或其完整框架所启发，可以改进对市场在社会中定位的理解。理解市场的多样性和影响这种多样性的进化机制的多样性，能够帮助治理行动者看到新古典经济学及其自由市场观念与社会工程模型之间存在中间道路。事实上，它表明这两者之间存在多条道路，并且从唯一的治理路径和市场进化中的当前位置出发，一些道路比其他的更可行。把握这些路径的唯一性，又一次显得极其重要。

第五节　发展

对于进化治理理论来说，每个共同体和社会都处于发展之中（参考：Greif 2006；Mosse 2005）。发展不应被理解为一个终极国家，或一个对所有社会都相似的过程。它在治理路径和市场进化中是可见的。以"发展"（作为话语建构）为目标的干预，应该考虑到它所显现的这些进化和变革选项。路径之间的相似性当然是可能的，一种来源是能够通过政策和计划而被引入的目标依赖之间的相似性。在不同路径中引入相同的目标和政策，无论如何将会产生很不相同的结果，也会导致路径分歧，而不是路径汇合。

如果考虑到为了发展目的而引进政策，进化治理理论应当关注与非正式制度和权力/知识构型相适应。此外，它应当指出时机把握的重要性：进化治理理论在这方面是关于机会窗口的理论。这些窗口对于外部观察者来说并不总是可见的，并不总是有机会揭示它们的存在并在事情完成之前使之透明化。

我们赞同威廉·伊斯特利（William Easterly）和他对研究者和计划者的区分（Easterly 2006）。如果一个人决定将"发展"视为治理的首要目标，尽管所有问题都与首要目标相联系，如果一个人为那个目的而决定从其余某个地方引进政策，尽管这种方法有糟糕的业绩记录，那么至少他应当极其谨慎地对待宏大策略和全面计划。这只有在罕见的条件下才可能起作用。中国确实如此，只有在为经济计划奠定基础的早期共产主义社会完全重组之后才起作用。作为一条普遍格言，这似乎是明智的：追随研究者，培养反身性，意识到治理的再生模式及其基础构型，欣然接受制度实验主义。这很重要：用不同的市场和治理形式加强地方性实验，并且查看在地方性构型中得到再解释和调整之后，特定的政策引进是否具有想要得到的效果。

参考文献

Armitage, D. R.（2010）. *Adaptive capacity and environmental governance.* London：Springer.

Beunen, R. (2010). *The governance of nature: How nature conservation ambitions have been dashed in planning practices.* Wageningen: Wageningen University.

Beunen, R., & Opdam, P. (2011). When landscape planning becomes landscape governance, what happens to the science? *Landscape and Urban Planning*, 100 (4), 324 – 326.

Brunner, R. D. (2005). *Adaptive governance: Integrating science, policy, and decision making.* New York: Columbia University Press.

Brunner, R. D., & Lynch, A. H. (2010). *Adaptive governance and climate change.* Boston: American Meteorological Society.

Domingo, I., & Beunen, R. (2013). Regional planning in the Catalan Pyrenees: Strategies to deal with actors' expectations, perceived uncertainties and conflicts. *European Planning Studies*, 21 (2), 187 – 203.

Duineveld, M., Beunen, R., Van Assche, K., During, R., & van Ark, R. (2009). The relationship between description and prescription in transition research. In K. J. Poppe, C. Termeer & M. Slingerland (eds.), *Transitions towards sustainable agriculture and food chains in periurban areas* (p. 392). Wageningen: Wageningen Academic Publishers.

Easterly, W. (2006). *The white man's burden: Why the West's efforts to aid the rest have done so much ill and so little good.* Oxford: Oxford University Press.

Eichholz, M., Van Assche, K., Oberkircher, L., & Hornidge, A. K. (2013). Trading capitals? Bourdieu, land and water in rural Uzbekistan. *Journal of Environmental Planning and Management*, 56 (6),

868 – 892.

Fischer, F. (1990). *Technocracy and the politics of expertise.* Newbury Park: Sage Publications.

Fuchs, S. (2001). *Against essentialism: A theory of culture and society.* Cambridge: Harvard University Press.

Greif, A. (2006). *Institutions and the path to the modern economy: Lessons from medieval trade.* Cambridge: Cambridge University Press.

Gunder, M. (2006). Sustainability. Planning's saving grace or road to perdition? *Journal of Planning Education and Research*, 26 (2), 208 – 221.

Kooij, H., Van Assche, K., & Lagendijk, A. (2013). Open concepts as crystallization points and enablers of discursive configurations: the case of the innovation campus in the Netherlands. *European Planning Studies* (Online First).

Latour, B. (2004). *Politics of nature. How to bring the sciences into democracy.* Cambridge: Harvard University Press.

Luhmann, N. (1988). *Die Wirtschaft der Gesellschaft.* Frankfurt am Main: Suhrkamp.

Luhmann, N. (1989). *Ecological communication.* Chicago: University of Chicago Press.

McNie, E. C. (2007). Reconciling the supply of scientific information with user demands: an analysis of the problem and review of the literature. *Environmental Science & Policy*, 10 (1), 17 – 38.

Mosse, D. (2005). *Cultivating development: An ethnography of aid policy and practice.* London: Pluto Press.

North, D. C. (2005). *Understanding the process of economic change.* Princeton: Princeton University Press.

Nowotny, H., Scott, P., & Gibbons, M. (2001). *Re-thinking science: Knowledge and the public in an age of uncertainty.* Cambridge, UK: Polity.

Smith, A., & Stirling, A. (2010). The politics of social-ecological resilience and sustainable socio-technical transitions. *Ecology and Society*, 15 (1), 11.

Van Assche, K., Beunen, R., Holm, J., & Lo, M. (2013). Social learning and innovation. Ice fishing communities on Lake Milles Lacs. *Land Use Policy*, 34, 233 – 242.

Van Assche, K., Salukvadze, J., & Duineveld, M. (2012). Under pressure: Speed, vitality and innovation in the reinvention of Georgian planning. *European Planning Studies*, 20 (6), 999 – 1015.

Van Assche, K., & Verschraegen, G. (2008). The limits of planning: Niklas Luhmann's systems theory and the analysis of planning and planning ambitions. *Planning Theory*, 7 (3), 263 – 283.

Voß, J. P., & Bornemann, B. (2011). The politics of reflexive governance: Challenges for designing adaptive management and transition management. *Ecology and Society*, 16, 9.

后　　记

　　治理作为我的一个新的研究领域，缘起于我加入了成立于2014年3月、由欧阳康教授担任院长的华中科技大学国家治理研究院。治理基础理论研究是国家治理研究院成立之初所确定的六个发展方向之一。为了适应研究院的发展需要，我根据自己的专业背景和学术积累，尝试着从哲学（尤其是社会科学哲学和社会认识论）的角度切入治理研究这一领域。恰逢2015年的国家社科基金项目申报指南中有"国家治理的哲学研究"这一选题，我便以"国家治理哲学研究"为题目进行了项目申报，有幸获准立项。客观地说，对（国家）治理哲学能否成立，以及如何成立等一些最基本的问题，当时还来不及进行仔细思考和充分论证。

　　随着自己掌握的关于治理的各种文献不断增长，通过对国家理论和社会理论历史发展的梳理，有两个理论发现：首先，发现各种治理理论都预设或隐含了一定的哲学前提，无论它是本体论的、认识论的、还是方法论的；其次，发现各种治理理论所提出和所要解决的各种问题都可以进行哲学反思，无论它出现在公共管理（公共行政）、国际关系、还是环境保护等领域。这两个发现启发并推动我从更为宽广的哲学视野来审视治理问题并开展研究。在此过程中，福柯在法兰西学院系列演讲中阐发的"governmentality"概念，英美基于经验社会科学的实证研究，不断涌现的治理新概念，新兴的元治理理论,以及关于治理的元哲学反思(语义学和语用学分析),都使我抱有这样一种希望:治理哲学一定会以某种更为系统和全面的方式来确立自身。

我从互联网上搜索到《进化治理理论:导论》这本书,并以较快的速度阅读完毕,并产生了翻译此书的念头。因为在我看来,它就是一本治理哲学以无须依赖于某一种具体的社会科学而能够确立自身的著作,虽然我不能断定它就是第一本。通过阅读和翻译,发现这是治理研究的一条非常独特的理路。尤其是宏大叙事与实证研究的结合,既超越了英美经验社会科学的传统,又超越了哲学形而上学的传统。把治理置于更悠久的社会发展史、各种不同的理论语境和更大的可能发展空间来进行阐发。

为了深入了解这一全新的理论,我于2017年1月让我指导的硕士研究生王林开始试译此书。王林于同年4月完成了初稿。由于初稿存在不少问题,我提出了修改意见,并与他共同商讨译稿,历经三次全面修改,我再独自修改两次后定稿。2017年6月决定想办法与《进化治理理论:导论》的三位作者取得联系,有两个目的:一是试图取得中译本的版权,二是觉得书中一些重要的基本概念需要通过共同探讨来澄清。两个目的很快都如愿以偿,一方面三位作者同意由克里斯托弗教授负责与斯普林格出版社沟通版权和出版方面的具体事宜,另一方面克里斯托弗教授通过电子邮件就我所提出的概念澄清问题做出了详细的进一步解释。由于原著过于简洁,为了便于读者阅读和理解,我把与克里斯托弗教授就有关概念的澄清和探讨以注释的方式呈现于译著当中。

为了更好地合作与交流,我邀请克里斯托弗教授为中文版撰写序言,他欣然接受。我们通过 Skype 软件进行了几次思想交流和充分探讨,我希望他能进一步思考和阐发进化治理理论的过去、现在和未来。最终,克里斯托弗教授于2019年3月完成了长达一万多字的中译本序言。此序言其实是对进化治理理论的进一步发展，加上以注释形式出现的对一些概念的再阐发，使得《进化治理理论：导论》中文版成为了一个比原版更为充实和完善的版本。还需要说明的是，我在翻译完中文版序言以后，请我所指导的博士研究生甘功平和四位硕士研究生（匡梦婷、周振彬、伍闫闫、谢梦依）通读译稿，他们分别提出了一些有见地的修改意见。

  这里要特别感谢本书的责任编辑喻苗，她策划了本书出版的诸多重要事宜，并负责获得中译本版权。她以编辑和读者的双重身份对译稿进行了详细的审阅，编辑的身份使得她能认真推敲每一处中文表述的准确性，促使我重返原文做出进一步修正；读者的身份使得她能提出很多理解上的问题，帮助我重思一些概念中译的恰当性。感谢华中科技大学国家治理研究院的欧阳康院长和杜志章教授对这本译著的翻译和出版的全面支持，特别是本译著的出版得到了欧阳康教授主持的"华中科技大学双一流文科建设项目——一流文科建设智库"的资助。

吴 畏
2019 年 4 月 23 日识于喻家山麓